世界一カンタンな
英会話パターン

しの 著

THE SIMPLEST ENGLISH
CONVERSATION PATTERNS IN THE WORLD
PRESENTED BY SHINO

JN049864

突然ですが、みなさんは**I'mを使って、いくつ文が作れますか？**

I'm Shino.（私はしのです）のような自分のことを紹介する文や、I'm happy.（私は幸せです）のような自分の感情を伝える文を思いつく人は多いと思います。しかし、**それ以外の文はどうでしょうか？**

実は、**I'm を使って「自分の行動」も伝えることができることを知っていましたか？** 例えばI'm in. は「参加するよ!」という意味に、I'm out. は「やめとく」という意味になります。

このようにI'mだけでも多くのことを表現することができるんです！

申し遅れましたが、**私の名前はしのと言います。**普段はXで「朝の5分でやり直し英会話」と題して、会話でよく使うフレーズを紹介したり、Instagramでは「わんわんとしの＠英語がんばる」というアカウントでリアルな英会話フレーズなどを発信しています。

私は「英語が話せる人ってかっこいい！」という憧れから、高校時代にアラバマ州の高校に1年間留学しました。

実際に会話をして気づいたことは**ネイティブは難しい単語・文法をそれほど使っていない**ということでした。むしろ、I'mやI have、Can I〜? など、**多くの日本人が知っているようなパターン・単語を組み合わせて、色々なことを話していたのです。**

この本では、I'mやI haveなど「誰でも知っているパターン」を基本に、実際の英会話でよく使う英語の型を紹介していきます。それとともに、**「誰もが知っている基本的なパターンを組み合わせて、色々なことが言えるようになるヒントにしてもらえれば」**と、リアルな例文をたくさん紹介しています。

「英語がパッと口から出てこない」「自分の言いたいことがなかなか英語にできない」「自分には英会話はできないのかもしれない……」
　そんな悩みをよく耳にします。

「あのパターンをこう使うだけで、こんなことが言えるのか!」
「このパターンでこの文も作れるかも……!」
「自分にも英会話ができるかもしれない……!」
　少しでもそう思ってもらえるきっかけになれたらとこの本を作りました。

　少しずつでも積み重ねれば、英語は確実に上達していきます。
　英語が話せる自分に向かって、この本と一緒にコツコツ楽しみながら練習していただけたら嬉しいです!

　　　　　　　　　　　　　　　　　　　　　　　　　　　しの

本書の特長と使い方

○ **トラック番号**
ダウンロード音声(詳しくは
10ページ)のトラック番号と
対応しています。音声を聴
いてたくさん音読練習して
いきましょう!

○ **パターン**
このページで解説するパ
ターンです。

○ **基本フレーズ**
パターンを使った、基本とな
るフレーズを紹介していま
す。

TRACK 📢 03
03 | **You are**

基本フレーズ

You are amazing!

君、最高だよ!

You are を使って話せること

○ **相手の説明**

be 動詞はイコールの働きを持っていましたね。You are も同じです。「あな
た=〇〇」と相手の職業や年齢、状態を話すことができます。
会話では You're と短縮することも多いです。

- -

○ **相手を褒める**

You are は相手を褒める時に使うことが多いです。例えば **You are
amazing!**(あなた最高!)のように使います。amazing は「素晴らしい」
「最高」という意味です。

016

○ **使って話せること**
パターンを使って話せることや、使えるシーン、使う際の注意点な
どを解説します。

◦ 応用フレーズ

パターンを使った例文を紹介しています。パターンを使用するシーンを具体的に理解できるようになります。パターンと、対応する日本語訳の箇所にはマーカーを引いています。

You are funny!
君、面白いね　　　　　　　　　　　　　　**funny**：面白い、可笑しい

You are hilarious!
君、面白すぎる
　hilariousは「大爆笑」というようなイメージ。笑いすぎて涙が出ちゃうような
　状態です。上のfunnyと合わせて覚えましょう。

You are kind!
優しいね！　　　　　　　　　　　　　　　　　**kind**：優しい

You are too kind.
優しすぎるよ
　tooは「〜すぎる」という意味で、This a too hat.（それ大きい）のように、基本的にネガティブなニュアンスが含まれます。しかし、上の文のようにプラスの意味で使うこともできます（褒めすぎの時なども使ったりします）。

You are so pretty!
本当にカワイイね！　　　　　　　　　　　　　**pretty**：かわいい

You are late.
遅刻だよ　　　　　　　　　　　　　　　　　　**late**：遅い

You are right.
（あなたが）正しいわ
　rightは「右」という意味が有名ですが、「正しい」という意味もあります。

You are just in time.
（あなたは）ちょうど間に合ったね　**just**：ちょうど　**in time**：間に合って

017

◦ 単語解説

例文に登場する単語の意味を解説します。

◦ 応用フレーズ解説

応用フレーズに登場する単語や文法の意味、使うシーンについて解説しています。

◦ 練習ページ

基本フレーズと日本語訳をまとめた表を巻末に掲載しています。右ページをしおり等で隠して、パターンと日本語訳だけでフレーズが言えるようになるまで練習しましょう。

練習ページ		TRACK ● 79
I'm	私、しの	I'm Shino! p.002
I'm not	のどは渇いてないよ	I'm not thirsty. p.004
You are	君、最高だよ！	You are amazing! p.006
Are you	ミナミさんですか？	Are you Minami? p.008
It is	美味しい！	It is good! p.020
I was	お腹空いてイライラしてたの！	I was hangry! p.022
You were	そこにいたの？	You were there? p.024
It was	楽しかった！	It was fun! p.026
I don't	この曲、好きじゃないな	I don't like this song. p.028
Do you	この曲、好きなの？	Do you like this song? p.030
I'm-ing	今、仕事中だよ	I'm working. p.032
I have	犬、飼ってる	I have a dog. p.036
I make	朝ご飯を毎日作るよ	I make breakfast every day. p.038

005

CONTENTS

デザイン：山田知子（chichols）
イラスト：小林由枝（熊アート）
DTP：明昌堂
校正：鷗来堂
英文校正：カン・アンドリュー・ハシモト（ジェイルハウス・ミュージック）
音声収録：英語教育協議会（ELEC）
英語ナレーション：Karen Haedrich
日本語ナレーション：桑島三幸
Special Thanks：Gillian Farmer、Caleb Call

CHAPTER

1

基本になる
be動詞・現在形パターン

誰もが知っているような
I'mやYou areなどの簡単なパターンでも
様々なことを表現できるんです!
このChapterでは、そんな基本となる
パターンを集めました。

01 | I'm

基本フレーズ

I'm Shino!

私、しの!

I'm を使って話せること

自分の説明

am は「be 動詞」のひとつです。be 動詞は「イコールの働き」を持っていて、上の文は「I=Shino（しの）」、つまり「自分はしのだよ」という意味です。be 動詞を使うと、自分の職業や年齢、状態などを伝えることができます。
会話では I am を略して I'm と言うことが多いです。

自分の行動（前置詞とセットで）

I'm は前置詞とセットで自分の行動も伝えられます。例えば **I'm in.** は「参加するよ」という意味。in は立体的な空間の中というイメージで、私が「話という空間」の中にいるというイメージから「話に乗るわ!」「それに参加するわ!」という意味になります。

I'm 25 years old.
25歳だよ

I'm a nurse.
看護師だよ

nurseの他にもoffice worker（会社員）、teacher（先生）、homemaker（専業主婦・夫）などの職業も入れられます。

I'm OK.
大丈夫だよ   **OK**：大丈夫だ

OKは会話でよく使う単語です。私が「大丈夫」な状態にあるということを表しています。

I'm ready.
準備できたよ   **ready**：準備ができている

I'm exhausted.
疲れたわ   **exhausted**：疲れ切った、ばてた

exhaustedはtiredよりも疲れを強調します。

I'm out.
やめとく

outは「空間から外に出るイメージ」です。「その話から自分が出る→計画やゲームなどから離れる、やめる」という意味になります。

I'm on it.
取り掛かるよ

onは「接触」のイメージ。文全体では「自分とそれがくっついている→取り掛かる」という意味になります。何かを依頼された際に、すぐ対応することを伝えるフレーズです。

02 | I'm not

I'm not thirsty.

のどは渇いてないよ

I'm not を使って話せること

○ 相手の気遣いへの返答

上の文は「のど渇いてない?」と相手が気遣ってくれた時に「自分はのどが渇いていない」と、自分の状況を相手に伝えることができます。
他にも、相手の認識違いを指摘する時などにも使います。

- -

○ be動詞の否定は直後にnot

be動詞の文を否定する時は、be動詞のすぐ後ろにnotを持ってきます。例えば **I'm into Korean dramas.**（韓流ドラマにハマっているよ）を否定する場合 **I'm not into Korean dramas.** になります。
be動詞 +intoはその中に入っていくイメージで、「〜にハマっている状態だ」という意味で、会話でよく使います。

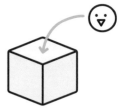

I'm not Minami.
私、ミナミじゃないですよ

- -

I'm not tired.
疲れてないよ

- -

I'm not hungry.
お腹すいてないんだ

hungry は「お腹がすいている」という意味です。さらにお腹がすいている時は starving を使うこともできます（会話でよく出てきます）。

- -

I'm not ready yet.
まだ準備できてない！

yet は否定文で「まだ」という意味になります。

- -

I'm not sure.
わかんないなあ   sure：確信がある

not sure は「確信がない」「わからない」という意味でよく使います。

- -

I'm not interested.
興味ないや   interested：興味がある

interested in で「〜に興味がある」と言うこともできます。I'm not interested in video games.（ゲームに興味がない）のように、具体的に何に興味がないかを言うこともできます。

- -

I'm not an extrovert.
外向的じゃないのよ   extrovert：外向的な人

反対に、introvert は「内向的な人」という意味です。今風の言葉で言えば「陽キャ」「陰キャ」に当たるかもしれません。

03 | You are

基本フレーズ

You are amazing!

君、最高だよ！

You areを使って話せること

○ 相手の説明

be動詞はイコールの働きを持っていましたね。You are も同じです。「あなた＝○○」と相手の職業や年齢、状態を話すことができます。
会話ではYou're と短縮することも多いです。

○ 相手を褒める

You are は相手を褒める時に使うことが多いです。例えば**You are amazing!**（あなた最高！）のように使います。amazingは「素晴らしい」「最高」という意味です。

You are funny!

君、面白いね

funny：面白い、可笑しい

You are hilarious!

君、面白すぎる

hilarious は「大爆笑!」というようなイメージ。笑いすぎて涙が出ちゃうような状態です。上の funny と合わせて覚えましょう。

You are kind!

優しいね！

kind：優しい

You are too kind.

優しすぎるよ

too は「~すぎる」という意味で、This is too hot.（辛すぎる）のように、基本的にネガティブなニュアンスが含まれます。しかし、上の文のようにプラスの意味で使うこともできます（優しすぎるのも時として仇となりますが……）。

You are so pretty!

本当にカワイイね!

pretty：かわいい

You are late.

遅刻だよ

late：遅い

You are right.

（あなたが）正しいわ

right は「右」という意味が有名ですが、「正しい」という意味もあります。

You are just in time.

（あなたは）ちょうど間に合ったね

just：ちょうど　in time：間に合って

04 | Are you

基本フレーズ

Are you Minami?

ミナミさんですか?

Are you を使って話せること

○ 相手への確認

You are で始まる文を疑問の形にしたい時は、上の例のように、You are で始まる文の you と are の位置を逆にすることで作ることができます。

Are you は、上の例のように「あなたは〜ですよね?」と確認を取る時や、相手の状態などを聞く時に使います。答えとして **I'm not Minami.**（違いますよ）（15ページ）を使うことができますね。

- -

○ 驚いた時

確認を取る時以外にも **Are you serious?**（マジ!?）のように、「驚きを表したい時」にも、Are you とセットで特定の英単語を使うことで伝えられます。

serious は「真剣である、本気である」という意味。「あなたは真剣ですか?」「本気ですか?」という直訳ですが、相手の言ったことに驚いて「信じられない!」という反応をする時にとてもよく使います。

Are you from NY?

ニューヨーク出身ですか？

fromを使って出身地を聞くことができます。 また、 NY は New York の短縮形です。

Are you cold?

寒い？   cold：寒い、 冷たい

coldは気温の他に、 態度が冷たい時などにも使うことができます。

Are you ready?

準備できた？

I'm not ready yet.（15ページ） と答えることもできますね。

Are you on vacation too?

（あなたも）休暇中？   vacation：休暇　too：〜も

Are you available this weekend?

今週末、 空いてる？   available：利用できる、 空いている

予定を立てる時などに、 相手が今週末空いているかどうか確認を取るフレーズです。 ホストシスターと日本とアメリカで長電話をする時などに実際に使います。

Are you kidding me?

冗談だよね？

kid は子どもという意味が有名ですが、 動詞では 「〜をからかう」 という意味になります。 上の文はAre you serious?と同様、 相手の言っていることに対して驚きを伝える表現です。

Are you for real?

マジで？

会話では、 Are you を省略してFor real?のみの形でもよく使われます。

05 | It is

基本フレーズ

It is good!

美味しい!

It is を使って話せること

○ 何かに対する感想

is も be 動詞なので「イコール」です。It is は今食べているものや、聞いたこと(相手のニュースなど)に対する感想を相手に伝えることができます。会話では It's と短縮して使うことが多いです。

例えば、食事の際に使う It's good. は「It=good」つまり「それ(今食べているもの)はいいね→美味しいね」という意味でよく使われます。

- -

○ 天候

例えば It's cold. は「寒いね」という意味です。

It は「ある状況」を主語にする時に使います。天気も状況のひとつですよね。そのため、It's を使って今の天気について話すことができます。

It's amazing!

すごい!

It's awesome!

最高だね!

▎ awesome は amazing と同様「最高!」という意味です。

It's OK.

大丈夫だよ

▎ OK は大丈夫という意味でしたね(13ページ)。 主語を it にすると「それは大丈夫だよ。 気にしないで」という意味になります。「遅れてごめん!」と謝られた時などに使うことができます。

It's not for me.

好みじゃない

▎「嫌い!」と断言すると強く聞こえてしまう場合に使えます。 ちなみにホストシスターは Natto is not for me. と言っていました(笑)。

It's really hot.

めっちゃ暑いね   **really**:すごく   **hot**:暑い、 熱い

▎ hot は「(気温が高くて)暑い」以外に、「熱い」にも使うことができます。

It's chilly.

肌寒いね   **chilly**:肌寒い、 涼しい

It's freezing.

寒すぎ!

▎ freezing は「ひどく寒い、 凍えるほどの」という意味です。 会話で「寒すぎて凍りそう!」と誇張して言いたい時によく使われます(あくまで誇張なので、 実際に凍ってしまうような氷点下である必要はありません)。

06 | I was

┌─ 基本フレーズ ─┐

I was hangry!

お腹空いてイライラしてたの!

┌─ I was を使って話せること ─┐

○ 過去の自分の説明

I'm を過去形にすると I was になります。過去形になっても be 動詞はイコールの働きを持ちます。「私は○○だった」と、過去の自分の状況や、職業を相手に簡単に伝えることができます。
ちなみに上の文の hangry は hungry（お腹すいた）と angry（怒っている）を組み合わせたカジュアルな言葉です。

- -

○ 自分がいた場所

be 動詞は「存在」（～にいる）を表す時にも使うことができます。例えば、**I was there.** は、there が「そこに」という意味なので、「私そこにいたよ!」という意味になり、昨日や3時間前など過去にその場所にいたことを相手に伝えることができます。

I was a nurse.
看護師でした

以前働いていた職業について話すことができます。会話では、I used to be a nurse. と言うことも多いです（I used to については112ページ）。

I was sleepy.
眠かった……　　　　　　　　　　　**sleepy**：眠い

I was scared.
怖かったよ　　　　　　　　**scared**：おびえた、怖がる

大きい地震の時や、近くで雷が落ちた時などに使うことができます。

I was bored.
つまらなかった　　　　　**bored**：退屈した、うんざりした

暇な時や、映画や講義中に退屈したと感じた時などに使うことができます。

I was so excited!
超楽しかった！　　　　**excited**：興奮した、ワクワクした

ライブなどに行って興奮した、「推し」に会えてワクワクした、公開を待ち望んでいた映画を見られたなどの場面で自分のワクワクを伝える時に使えます。soをつけることで、excited が強調されます。

I was at home.
家にいたよ

atは「点」のイメージで使いましょう。地図上の自分の家という点を指差しているイメージですね。

I was early.
早く着いちゃったんだ

earlyは「早い」という意味です（「速い」はfast）。早くいた、つまり集合場所に早く着きすぎてしまったと相手に言いたい時に使えます。

07 | You were

基本フレーズ

You were there?

そこにいたの?

You wereを使って話せること

○ 過去の相手の様子

I am が I was になるのと同じく、You are も過去について述べる時は You were に形が変わります。

be動詞はイコールの働き。「あなたは○○だった」と相手の過去の職業や状態を話すことができます。

- -

○ 相手の過去の居場所を尋ねる

be動詞は「存在」(〜にいる) を表すことができましたよね。**You were there?** のように、You were を使った文の最後を上げ調子にするだけで、「そこにいたの?」と相手に聞くことができます。

※文法上は be動詞と主語をひっくり返して **Were you there?** とするのが正しいですが、会話であれば、ひっくり返さず文末を上げ調子にするだけで疑問文を作ることはよくあります。

You were right!

言ってた通りだったわ！

例えば、相手にオススメされたレストランがすごくよかった時に「あなたは正しかった!→言ってた通りだった」と言う場面などで使うことができます。

You were very helpful!

とっても助かりました！　　　　　　　　**helpful**：役立つ、助けになる

海外旅行で助けてもらった時などに使うことができます。

You were nervous, right?

緊張してたよね?　　　　　　　　　　　**nervous**：緊張する

, right? を文末につけるだけで、「~だよね?」と、相手に確認をすることができます。

You were at home?

家にいたの？

文末を上げるだけで相手への問いかけ文を作ることができます。

You were at the office?

会社にいたの？

会社は英語でcompanyですが、日本語では会社という言葉を「仕事場」という意味で使うことがありますよね。そうした場合はofficeを使いましょう。

You were in the park?

公園にいたの？

場所を表す前置詞にはat以外にinもあります。inについては84ページ。

You were there two days ago?

おとといそこにいたの？　　　　　　**two days ago**：2日前、おととい

08 | It was

基本フレーズ

It was fun!

楽しかった!

It was を使って話せること

○ 過去の体験に対する感想

amだけでなく、isも過去形になるとwasになります。

It wasで「それは〇〇だった」と、過去にした旅行や過去に見た映画、ドラマ、行ったレストランなどの感想を相手に伝えることができます。

「楽しかった!」と言いたい時I was fun.と言いそうになるかもしれませんが、それでは「私は楽しい人間だった」という意味になってしまいます。楽しかったことをItに置き換えて文を作りましょう!

It was the best!

最高だったよ！

the best は「最高な」という意味です。「いい」をさらに強調したい時に会話でよく使われます。

It was fantastic!

素晴らしかった〜！　　　　　　　　**fantastic**：非常に優れた、素晴らしい

「いい!」という表現は fantastic 以外にも awesome、amazing など色々出てきましたね（どれも同じような使われ方なので、この機会に英文とセットで覚えて語彙力 up していきましょう!）。

It was good!

よかったよ

プラスの意味ですが、awesome や the best、fantastic よりは感動が少しだけ低いイメージです。ただ、声のトーン次第で意味に幅が生まれます。

It was okay.

まあまあだったよ

OK は「大丈夫」という意味でしたね（13、21ページ）。It was not bad.（悪くはなかったよ）とも言えます。

It was horrible.

最悪だったよ

かなりネガティブな表現です。horrible 以外にも terrible、awful なども同じような意味で使われます。

It was rough.

キツかった　　　　　　　　　　**rough**：（口語で）キツい、大変な

09 | I don't

基本フレーズ

I don't like this song.

この曲、好きじゃないな

I don'tを使って話せること

◦ あまりしないこと

don'tは自分があまりしないことなどを伝えたい時に使うことができます。注意点は「一度もしたことがないとは言っていない」ということ。例えば右上のI don't drink coffee. では「普段コーヒーを飲まない」と言っているだけで、「一度も飲んだことがない」とは言っていません。。

◦ 自分の状況や考え、思い

例えば**I don't need it.**は「要らないよ」という意味です。needは「〜が必要だ」という意味なので、この文は「自分はそれが必要ではないよ→要らないよ」という意味になります。「要らない！」と言いたい時に「必要ないよ」と言い換えてneedが出せるかというのがパッと英語を口に出すための鍵になります。このように、I don'tは「思いや考え」を相手に伝える時に使うことが多いです。

I don't drink coffee.
コーヒーは飲まないんだよね

コーヒーを日常的に飲む習慣がないということを表しています。「コーヒーを一度も飲んだことがない」「今この瞬間はコーヒーを飲んでいない」という意味ではないのがポイント!

I don't work here.
ここでは働いてないよ

I don't eat meat.
お肉は食べないんですよね

飲食店などで海外の方を接客する際に耳にすることがあるかもしれません。

I don't know.
知らないな   **know**：〜を知っている

自分はそのことに関して知らないという文です。
※このフレーズは「ネイティブの感覚からするとすごくキツく聞こえる」などと教えられることがありますが、実際には会話でよく使われます

I don't remember.
覚えてないや   **remember**：覚えている、記憶している

I don't understand.
わからないや   **understand**：理解する

I don't know.（知らない）ではなく「理解できていない」と言う時に使います。

I don't care.
気にしないよ   **care**：気にする

「I Don't Care」という、Ed Sheeran と Justin Bieber がコラボした曲があります。ぜひ聴いてみてください!

10 | Do you

基本フレーズ

Do you like this song?

この曲、好きなの?

Do youを使って話せること

○ 相手の習慣を聞く

Do you は「〜するの?」と日常的にそれを行っているかどうかを相手に尋ねる文を作るパターンです。

習慣を聞く場合は、often（よく）、usually（いつも）、always（常に）、regularly（定期的に）、 every day（毎日）、 every morning（毎朝）、every night（毎晩）、every month（毎月）、などとセットで使うことが多いです。

○「趣味や好きなもの」を聞く

何かを習慣的に行う時、それが好きだったり、趣味だったりすることは多いので、**Do you like this song?**（あなたはこの曲が好きですか?）のように、Do youを使うことで好きなことや趣味について聞くことができます。

Do you like sushi?
お寿司は好き？

Do you watch any sports?
何かスポーツって見る？   **any**：（疑問文で）何か

Do you listen to pop?
ポップミュージックって聴く？   **listen to**：～を聴く

to は矢印のイメージで、上の文では耳を楽曲にむけているイメージです。この
文では、「今聴いているか」ではなく、「普段聴くかどうか」を聞いています。

Do you need any help?
助けは要る？

need help で「助けを必要とする」という意味になります。困っていそうな海
外の方を見かけたら、このフレーズを使って声をかけてみましょう!

Do you believe in aliens?
エイリアンっていると思う？   **alien**：エイリアン

believe は「～を信じる」で、believe in は「～の存在を信じる」という意味
です。

Do you work out often?
よく運動する？   **work out**：運動、筋トレをする

他にも Do you go to the gym?（ジムって行ってる?）なども使えますね。

Do you get up early every morning?
毎朝、早起きする？

get up は「起床する」という意味です。「目覚める」は wake up と言います。
「目は覚めたけどベッドからまだ出ていない」と言う場合、wake up はしている
けれど get up はしていません。

11 | I'm -ing

基本フレーズ

I'm working.

今、仕事中だよ

I'm -ingを使って話せること

◎ 今まさにしていること

動詞の語末にingをつけると「〜している」や「〜すること」を意味することができます。

さらにbe動詞＋動詞のing形のパターンで使うことで「今この瞬間にしていること」を伝えることができます！

- -

◎ 未来にすること

実は、I'm -ing.で「未来」を表すこともできるんです！ 例えば**I'm going to the store.**（今からお店に行くよ）のように使えます。

I'm having dinner.
夜ご飯を食べてるよ

have dinner と eat dinner、 どちらでも OK です。

I'm watching a movie.
映画を見てるよ

see a movie は主に映画館などの大スクリーンで見る時、 watch a movie は携帯など小さい画面で見る時によく使います。

I'm listening to Taylor's new album.
テイラーの新しいアルバムを聴いてるよ

人の名前に 's をつけると、 「~の（もの）」という意味になります!

I'm coming!
今行くよ

「行く」 なので go を使ってしまいがちですが、 「相手のいるところ」 など、 ある明確な目的地に向かう場合は come を使います。「夜ご飯できたよ~」「今行く~」 と言う時には come です（come については42ページ）。

I'm leaving.
今出るよ~　　　　　　　　　　**leave**：（今いる場所から）去る、 出る

I'm working on it.
今やってるよ

作業やプロジェクトに今積極的に取り組んでいる状況を指します。 13ページの I'm on it. は 「今から取り掛かります」 という意味でしたが、 I'm working on it. は 「今まさに取り組んでいる最中」 であるという違いがあります。

I'm going on a trip.
旅行に行くよ！　　　　　　　　　　**go on a trip**：旅行に行く

I'm -ing を使って、 少し先の未来のことを話しています。

楽しみ！は I'm exciting. じゃない？

23ページで「超楽しかった！」は I was so excited. と紹介をしましたが「I was so exciting. では？」と思われた方もいらっしゃるかもしれません。excited、exciting はそれぞれ形容詞（状態を表す言葉）です。「疲れている」を表す tired や「嬉しい、幸せな」を表す happy、「良い」を表す good などと同じ仲間です。

excited ➡ ワクワクしている感情
exciting ➡ 何かをワクワクさせる性質

I'm excited. は自分がワクワクしている**感情**を表すので「ワクワクしている！」「楽しみ！」と自分が感じていることを表します。一方 I'm exciting. は自分が何かをワクワクさせる**性質**を持っているという意味になるため「自分は楽しい人間だ」と言うような文になってしまいます。exciting は This trip was exciting.（この旅行が自分をワクワクさせた）のように、ワクワクさせるものに使います。

これ以外でも、ed がつく時は「感情」、ing がつく時は「～させる側」と覚えておくと便利です。

I'm bored. つまらないや
➡ 私が退屈している感情

This movie was boring. この映画、つまらなかったね
➡ 映画はつまらなくさせる側

I'm annoyed by his words. 彼の言葉にイライラしています
➡ 私がイライラしている感情

His words are annoying. 彼の言葉はイライラさせます
➡ 彼の言葉はイライラさせる側

CHAPTER

2

すぐに使える
動詞パターン

実はmakeという動詞だけで
お茶を「淹れる」、計画を「立てる」、
電話を「かける」など、
様々な動作を言い表すことができるんです!
このChapterでは、そんな使い勝手の良い動詞を
使ったパターンを集めました。

12 | I have

基本フレーズ

I have a dog.

犬、飼ってるよ

I have を使って話せること

○ 自分の持ち物や家族

I have は「〜を持っている」という意味です。車や、携帯、バッグなどのモノはもちろん、大事な家族である兄弟やペットなども「自分が持っているもの」として相手に伝えることができます。

○ 病状

have は自分の病状や状態、状況を伝える時にも使います。
例えば headache（頭痛）を使って **I have a headache.**（頭痛いんだよね）と言うことができます。頭が痛いという「病気」を持っているとイメージしてください。

I have an iPhone 15.

iPhone 15、 持ってるよ

iPhone 15を所有しているよという意味です。 実際に手に 「持っている」 場面
ではなく、 自分が所有しているモノにも have は使えます。

I have a question.

質問があります　　　　　　　　　　　　　　　　　　　　**question**：質問

have はモノだけでなく、 「質問」 のような形のないものも持つことができます。

I have an older sister.

姉がいます　　　　　　　　　　　　　　　　　**sister**：姉、 もしくは妹

older は 「年上の」 という意味です。

I had a four-hour layover.

4時間の乗り継ぎがあったんだ！　　　**layover**：（飛行機などの） 乗り継ぎ

had は have の過去形です。

I have a cold.

風邪ひいてるんだ

cold は寒いという意味で有名ですが、 a coldと名詞にすると 「風邪」 という意
味にもなります。

I have a stomachache.

お腹痛い……　　　　　　　　　　　　　　　　　**stomachache**：腹痛

日本語では胃痛と腹痛は違う意味ですが、 英語ではどちらも stomachache で
す。 ちなみに生理痛は period cramps です（cramps のみの場合もあります）。

I have a milk allergy.

牛乳アレルギーなの　　　　　　　　　　　　　　　　**allergy**：アレルギー

13 | I make

基本フレーズ

I make breakfast every day.

朝ご飯なら毎日作るよ

I make を使って話せること

○ よく作るもの

上の文の「朝ご飯」のような飲食物以外にも、To Doリストや間違いなどの形のないものを作る場合にも使えます。

- -

○「淹れる」「かける」「立てる」も全部makeで！

「お茶を淹れる」と言いたい時に、このmakeを使って「お茶を作るよ」などに言い換えることで文章がかなり作りやすくなっていきます。
英会話ではこの「言い換え力」がとっても大切です。makeを使うことで、かける、立てる、確認するなどを英語で言うことができます！

I make coffee every morning.
毎朝コーヒーを淹れるんだ

「〜を淹れる」という意味の単語 brew もありますが、このように、 make を使って言い換えることもできます!

I make dinner most nights.
ほとんど毎日、夜ご飯を作るよ

most は「だいたい、ほとんどの」という意味です。「すべてとは言わないけれど、8割方」というニュアンスを持ちます。※この割合は話し手のさじ加減によります

I made a call.
電話、かけたよ

made は make の過去形です。普通は語尾に ed をつければ過去形になりますが、 make のように過去形のつづりが全然違う場合もあります。

I made new friends.
新しい友達ができたよ

「友達を作る」と日本語でも言いますよね。

I made it!
やったよ!

何かをやり遂げた時によく使います。

I made plans for the trip.
旅行の計画を立てたよ

I made sure to lock the door.
ドアに鍵がかかってるか確認したよ

sure は「確信がある」という意味でしたね(15ページ)。「確信を作った」つまり「確認した」という意味です。

基本フレーズ

I go to the gym.

ジムに通ってるよ

I go を使って話せること

○ 通っている場所

「今ジムに向かっている途中だ」という意味ではなく、習慣的にジムに通っていることを表します。「今からジムに行くところだ」と言いたい場合は **I'm going to the gym.** と、「今ジムに向かっている途中だ」と言いたい場合は **I'm on my way to the gym.** と言うことができます。

- -

○ 自分の習慣

行き先がshopping（買い物をすること）などの行動や動作になる場合は、go to shoppingではなくgo shoppingとtoを入れません（スキーをすることskiing、スノーボードをすることsnowboardingなども同じです）。

「よく〜しに行くよ」と趣味や習慣について話す時に、I go -ingを使うことが多いです。

I go to the gym on Tuesdays.

毎週火曜はジムの日！

「火曜日に」「木曜日に」など「○曜日に」と言いたい時は、曜日の前にon
をつけます。
曜日にsをつけると、毎週という意味になります。every Tuesdayでも OKです
が、この場合sはつけません。

I go to bed around 11 pm.

だいたい23時くらいにいつも寝るよ　　　　**around**：だいたい、約

go to bed は「ベッドに行く」つまり「就寝する」という意味です。一方
sleep は「眠る」という行為自体を指しています。

I go to that café a lot.

あのカフェによく行くよ　　　　**a lot**：たくさん、よく

I go to the hair salon once a month.

1ヶ月に1回美容院に行ってるよ

hair salon：美容院　　**once a month**：月に1回

once a は「〜に1回」という意味です。once a day は「1日に1回」、once a
week は「1週間に1回」、once a year は「1年に1回」です。

I go running every morning.

毎朝ランニングしてる

I go grocery shopping every weekend.

毎週末、日用品の買い物に行くの

grocery：日用品、食料品　　**grocery shopping**：日用品の買い物

15 | I came

基本フレーズ

I came to Kyoto.

京都に来たよ

I came を使って話せること

ある地点に向かったこと

came は come の過去形です。come は「ある
明確な目的地に向かう」という意味でした（33
ページ）。go が「出発点」にフォーカスしている
のに対し、come は「到達点」にフォーカスし
ているイメージです。

前置詞とセットで色々話せる

come の後に来る前置詞は、to 以外にもたくさんあります。例えば come
from は「〜から来る」という意味。came from（〜から来た）は「どこか
ら来たのか」を相手に伝える時に使います。from の他にも come by（〜
で来る）、come with（〜と来る）など、前置詞とセットで使うと表現の幅が
グンと広がります。

I came from Japan.
日本から来ました

I came by train.
電車で来たよ

I came here by myself.
自分でここに来ました   **by myself**：自分自身で

代理や送り迎えを頼まず自らその場所に向かった時に使いましょう。

I came home very late.
家に帰ってくるのがすごく遅かったんだよね

go や come、get の後ろに home や here、abroad を持ってくる時は、to は
つけません。

I came with my younger brother.
弟と来ました   **younger brother**：弟

with は一緒にというイメージです。ちなみに「兄」は older brother です。

I came to Osaka from Australia.
オーストラリアから大阪に来たんです

from は出発地点。to は到着地点。オーストラリアという出発点から大阪とい
うポイントに向かってきたというイメージです。

I came to Tokyo for the concert.
コンサートのために東京に来たんです

to と for の使い分けは難しいですよね。come の後ろにつく場合、to は向かう
場所や着く場所に使います。一方で、for は向かう目的や向かった先で求めて
いるものに使います。

16 | I took

基本フレーズ

I took a trip.

旅行をしたんだ

I took を使って話せること

○ 自分が選び取ったこと

take の基本イメージは「とる」です。took は take の過去形です。
上の文の場合は、休みの日に何をするか考えた時に「釣りをする」「家で
映画を見る」「ショッピングをする」……という選択肢の中から、自分が
「旅行をする」という選択を「とった」、選んだというニュアンスです。

- -

○ 取り込んでいるもの

例えば、「薬を飲む」と日本語では言いますが、英語では drink medicine
と言うことはあまりありません。代わりに、**I take medicine.** と言います。
薬を手にとって自分に「取り込んで」いるイメージです。

I took the bus.

バスに乗ったよ

電車や車、タクシーなど、数ある交通手段の中から、バスという選択肢を取った、選んだイメージです。今バスに乗っている最中の場合は、I'm on the bus. になります。

I took notes.

メモをとったよ　　　　　　　　　　　　　　　　　　　　note：メモ

メモは英語では、memoよりもnoteの方が近いです。memoはビジネスで使われる短いメッセージや記録のことを言います!

I took a picture.

写真、撮ったよ

その場の風景を、カメラのレンズを通して取り込んでいるイメージを持ってください。

I took your advice.

アドバイス通りにしたよ　　　　　　　　　　　　　advice：アドバイス

adviceは名詞で「アドバイス」という意味ですが、似たつづりのadviseは、動詞で「忠告する」という意味になるのがポイント!

I took a nap.

昼寝した　　　　　　　　　　　　　　　　　　　　nap：昼寝、休憩

napは一般的には睡眠をしながら休憩する場面で使われます。睡眠をしない休憩、昼寝以外の短い休息はbreakやrestなどを使います。

I took my niece to the zoo.

姪を動物園に連れていったよ　　　　　　　　　　　zoo：動物園

「姪を取って、動物園に持っていく→連れていく」というイメージです。

17 | I got

基本フレーズ

I got tired.

疲れた……

I got を使って話せること

○ 自分の「状態の変化」

got は get の過去形です。get は「手に入れる」というイメージを持っている人も多いと思いますが、ある状態を「手に入れる」、状態変化するという意味だと思ってください。上の文は「疲れていない状態から疲れた状態になった」というイメージです。

「変化」という意味では get より過去形の got を使うことの方が多いので、ここでは got を紹介します。

○ 後ろにものが来る時でも 「状態の変化」のイメージ

例えば **I got your message.**（メッセージ来たわ）のように、got の後ろにものが来る時もイメージは同じです。「メッセージが手元にない状態から、手元にある状態になりました」という意味です。

I got lost.
迷子になった……

道に迷っている時によく使うフレーズですが、「精神的な迷い（人生の目的や方向性を見失う、迷う）」や「話題・議論での迷い（内容の難しさや言葉の壁などでついていけなくなった状態）」にも使うことができます。日本語でも「この会話で迷子になった（＝ついていけなくなった）」と言いますよね。

- -

I got sunburned.
日焼けした～　　　　　　　　　　　　　　**sunburned**：日焼けした

アメリカではsunburnedですが、イギリスではsunburntを使うことが多いそうです。

- -

I got a new laptop.
新しいパソコンを買ったんだ　　　　　　　　**laptop**：ノートパソコン

getはこのように「～を買う」という意味で使うこともできます。次のページで紹介するbuyよりカジュアルです。

- -

I got the ticket from my coworker.
同僚からチケットをもらった　　　　　　　　**coworker**：同僚

getは「～をもらう」という意味でも使うことができます。

- -

I got it!
了解!

「それを頭に入れたよ→理解したよ!」というイメージです。

- -

I got home late last night.
昨日、家に着いたのが遅かったのよね　　　　**get home**：家に着く

- -

I got paid today.
今日、お給料日だった　　　　**get paid**：お金をもらう、支払いを受ける

18 | I buy

基本フレーズ

I buy groceries every weekend.

毎週末、食料品を買うよ

I buyを使って話せること

○ 定期的な買い物

まとめて食料品を買うことが「毎週末の恒例になっているよ」というニュアンスを持つことがポイントです！
「今買おうとしているよ」という場合は **I'm buying groceries.** になります。

- -

○ 贈り物

例えば **I bought you a gift.** は「あなたにプレゼントを買ったよ」という意味で、buyと買ったものの間に、贈る相手を入れることができます。
bought は buy の過去形です。
また買ったものの後ろに for と贈る相手をつけて、**I bought a gift for you.** でも同じ意味になります。

I buy clothes online.

服はオンラインで買うね

clothes：服

cloth は「布切れ」という意味です。服はその布が複数集まってできているので、clothes なんです!

I buy local.

地元のものを買うよ

local は「地元の、地域の」という意味ですが、地元の農作物や製品、サービスも意味します。ちなみに local train は各駅停車のことを指します。

I bought this bag!

このバッグ、買ったの!

I bought a used book.

古本を買ったよ

used book：古本

I bought a new phone yesterday.

昨日携帯を買い替えたの

「携帯を買い替えた」を「新しい携帯を買った」と言い換えてみましょう!

I bought a plane ticket a couple of months ago.

2、3ヶ月前に飛行機のチケット、買ったよ

ago：〜前に

couple は「対、2つ」というイメージで、a couple of で「2、3個の、数個の」という意味になり、会話でよく使います。

I bought a souvenir for you!

あなたにお土産を買ったの!

souvenir：お土産

19 | I want

基本フレーズ

I want a cat!

猫が欲しい!

I wantを使って話せること

◎ 自分が欲しいもの

want は「〜を欲する」という意味です。「〜が欲しい!」と自分が欲しいものを伝えることができます。ここは、車やカバン、時計などの形のあるものはもちろんのこと、休憩など形がないものも使うことができます。

- -

◎ 自分のしたいこと（want toで）

want to で「〜することを欲する」つまり「〜したい」という意味になります。例えば **I want to buy this bag.** は「このバッグを買いたい!」という意味で、**I want this bag.**（このバッグが欲しい!）と基本的な意味は同じです（**I want to this bag.** とは言わないのがポイントです! want to の後ろには buy のような動詞の原形を持ってきます）。

I want beer.
ビールが飲みたいな

「飲みたい」と言う時、drinkを使わなくても、wantだけで願望を簡単に伝えることができます（I want to drink beer. でもOK）。

I want a new car.
新しい車が欲しいな

I want money.
お金、欲しいなあ……

I want to go to Japan!
日本に行きたい!

want toの後ろには動詞の原形が来ます。

I want to go home.
家に帰りたいわ　　　　　　　　　　　　　　　**go home**：家に帰る

I want to quit my job.
仕事、辞めたいな　　　　　　　**quit my job**：（自分の）仕事を辞める

「仕事を辞める」と言う時retireを思い浮かべるかもしれませんが、retireは定年退職や勇退などのニュアンスを持つので、そうでない場合はquitです。

I want to learn about different cultures.
異文化を学びたい!

learn：学ぶ　　**different**：異なった、違う　　**culture**：文化

20 | I like

基本フレーズ

I like this group.

このグループ、好きだよ

I likeを使って話せること

○ 好きなもの

like は「〜を好む」という意味で「〜が好き!」と自分が好きなものを伝えることができます。好きなものだけでなく、好きな場所や、好きな人なども伝えられます。

- -

○ 嫌いなもの（I don't likeで）

例えば、**I don't like beer.** は like を否定しているので「ビールは好まない→ビールは好きじゃない」という意味になります。
好きなものだけでなく、嫌いなものも、like を使えば話すことができます。

I like this song!

この曲、好き!

誰かにオススメされた曲がいいと思った時に使えますね。逆にオススメしたい時はrecommend（58ページ）を使うことができます。

I like this view.

この眺めが好き   **view**：眺め

「眺め」のように形のないものを「好き」と言いたい時にも使います。

I like seafood!

海鮮、好き!   **seafood**：海鮮

I like the way you think.

（あなたの）考え方、好きだな

the way（方法）you think（あなたが考える）と、後ろからthe way（名詞）を説明している形です。

I like the vibe here.

ここの雰囲気、好きだな   **vibe**：雰囲気、感じ

レストランやバーなどで使えますね。

I like to travel.

旅行は好きだよ

wantと同様、like toで後ろに動詞を持ってきて、「〜することが好き」という文を作ることができます。

I like to watch soccer!

サッカー見るの、好き!

21 | I see

I see

基本フレーズ

I saw the news.

ニュース見たよ

I see を使って話せること

見えるもの

saw は see の過去形です。

see は「見る」というより「見える」に近く、無意識に目に入ってくるイメージなので、上の文は「サラッとニュースを目にした」「偶然目にした」という状況を指している可能性もありえます。一方、watch は「集中して見ている」というニュアンスを持ちます。**I watch the news.** はニュース番組の内容にしっかりと注目しているイメージです。

自分が理解したこと

see は「何かを見る」という意味から派生して「理解する」という意味でも会話ではよく使われます。例えば **I see your point.** は「あなたの言いたいことはわかるよ」です。point は要点という意味です。

I saw your message.

メッセージ、見たよ

messageの代わりにtextなどを使うことが多い（81ページ）ですが、message
も使います。

I saw a movie last night.

昨日の夜は映画を見たよ

I saw an interesting ad.

面白い広告を見たの   **ad**：広告（advertisementの略）

I saw my friend last Saturday.

先週の土曜に友達に会ったんだ

see は「見る」という意味から派生して「お互いを見る→会う」という意味でも
使うことができます。偶然会ったのか、待ち合わせをしたのかは会話によります。

I saw you yesterday.

昨日見かけたよ

「偶然見かけた」場合はseeを使いましょう！ watchを使うと「あなたを昨日
ずっと目で追っていたよ」というようなニュアンスで伝わってしまうことも！

I saw you with Gillian the night before last.

一昨日の夜、あなたがジリアンといるのを見たよ

last は「前回の、前の」という意味で、the night before last で「前の前の
夜」つまり「一昨日の夜」という意味になります。

I see.

なるほど

see には「理解する」という意味がありましたね。この表現は「相手の言って
いることが理解できる→なるほど」と言う時に使うことができます。

22 | I miss

基本フレーズ

I missed the train.

電車を逃した……

I missを使って話せること

○ モノや機会を逃した経験

上の文は、自分が乗りたかった電車に乗る機会を逃した状況をイメージするとわかりやすいです（終電に遅れないように走ったのに、目の前で行ってしまった……などのイメージ）。

- -

○ 恋しい思い

missには「〜を逃す」という意味以外にも「〜が恋しい」という意味があります。例えば **I miss you.**（会いたいよ）は遠くに住んでいる友達に会うことが難しい時、会いたいよという気持ちを表す時などに使います（私も留学時代のホストファミリーや友達によく使います）。

I missed the bus.
バス、逃したわ

I missed the last train.
終電を逃した   **the last train**：終電

I missed the meeting.
ミーティングに参加できなかったのよね

I missed my chance.
チャンス、逃した……

miss はモノだけでなく機会にも使えるんでしたね。

I missed the sign.
看板を見落としたわ   **sign**：看板

miss は「何かに気づかない、見落とす」という意味でも使います。「見つける
機会を逃す」と考えるといいです!

I miss my family.
家族が恋しいよ

家族と離れた土地で暮らしていて、なかなか会えない状況が想像できますね。

I miss the old days.
いやあ、昔が懐かしいね   **the old days**：昔の日々、ありし日

I missed you!
会いたかったよ!

miss は「恋しく思う」という意味でしたが、これを過去形にすると「恋しく
思っていた」という意味になります。例えば、ずっと会いたかった友達につい
に会えた時などに使うことができます。

23 | I recommend

基本フレーズ

I recommend this movie.

この映画がオススメ!

I recommend を使って話せること

○ 自分のオススメ

I recommend は自分のオススメを紹介する時に使います。

逆にオススメを聞きたい時は **Do you have any recommendations?** が万能なので、この機会に一緒に練習して使いこなせるようにしていきましょう！ recommend は「〜をオススメする」で、recommendation は「オススメ」という意味です。

○ 相手のオススメに対する 返答もチェック

相手がオススメしてくれたら **Thank you for the recommendation!** （オススメ教えてくれてありがとう!）を使ってみましょう。Thank you for は「〜をありがとう!」という意味。詳しくは178ページに載っています。

I recommend this book.

この本、オススメだよ

I recommend her music.

この歌手、オススメ

直訳は「彼女の音楽をオススメします」になります。

I recommend this song.

この曲がいいんだよ～

オススメされて「この曲好き!」と思ったら I like this song. を使うことができますね（53ページ）。

I recommend the pasta here.

ここのパスタがオススメなの

I recommend trying this!

これぜひやってみて!

recommend の後ろに動詞の ing 形を持ってくることで「～することがオススメ」という意味になります。動詞の ing 形や、to + 動詞の原形には「～すること」という意味があります。

I recommend going at night.

夜に行くことをオススメするよ

I recommend using public transportation.

公共交通機関を使うのがオススメ

public transportation：公共交通機関（電車やバスなど）

24 | You look

基本フレーズ

You look sleepy.

眠そうだね

You look を使って話せること

○ 相手の印象を伝える

look は「〜のように見える」という意味です。16ページの You are は「あなたは〜だ」と断定的に述べる文ですが、are を look に変えると「あなたは〜のように見える」と「実際はどうかわからないけれど、あくまで自分にはそう見える」ということを強調できます。

○ 相手の外見を褒める

着飾っている友達に **You look amazing!**（きれいだよ!）と言うなど、相手の服装や髪型、メイクなどの感想を伝える時にも You look は使えます。相手を褒める時に使いましょう（ポジティブなことを伝えた方が幸せ）。

You look happy.
幸せそうじゃん

happy：幸せな

You look tired.
疲れてる？

You look perfect!
完璧だよ！

▎ 相手を褒める時は You look great! などもよく使います。

You look different.
なんか違って見えるね！

different：違う

▎ 髪型が変わっていたり、メイクが変わっていたりして、「なんかいつもと違う感じに見える！」と言いたい時に使います。

You look kinda down.
なんか元気ないね

kinda → kind of：なんか、少し　　down：落ち込んでいる

▎ down は「下」以外にも暗い気分、元気がない様子を伝えることができます。「下」から少しイメージができますよね。

You look stunning!
すっごく綺麗だよ

stunning：驚くほどだ、衝撃的だ

▎ ショックを受けるほど美しく見えるという意味で、相手を褒める時に使えます。

You look absolutely gorgeous.
本当に素敵だね！

absolutely：本当に、すごく　　gorgeous：素敵な

25 | It looks

基本フレーズ

It looks good.
美味しそう!

It looksを使って話せること

○ 目で見た感想

直訳は「それはよく見える」です。料理の実物を見ている時にももちろん使われますが、テレビのグルメ番組に映る料理を見て「美味しそう」という時にも使うことができます。

○ あくまで「見た限りの」感想です

lookは「〜に見える」なので、目で見えるものごとに対する感想を伝える時に使います。

It isは「それは〜だ」と断定的に述べる文ですが、It looksは「あくまで自分にはそう見えた」という感想です。例えば食べ物に対する感想を述べているのであれば、目で見た感想であって「実際にまだ食べてはいない」ということがポイントです。

It looks nice.
（それ）いい感じじゃん   nice：いい

It looks amazing.
（それ）すごく良さそう!

It looks easy.
簡単そうだね

視覚を通して「それが簡単そうに見える」という意味です。実際には難しい可能性もあります。

It looks hard.
大変そうだね

友達がたくさんの資料を持っているのを見て、多くの仕事を抱えていることがわかる時に「うわ〜大変そうだね」と言う場面で使うことができます。

It looks fine.
大丈夫そうだけどね   fine：大丈夫

雪の後の道路などを見て「凍ってなさそうだし、大丈夫そう」と言う時などに使えます。

It looks expensive.
高そうだね

値段が高そうに見えるという意味です。expensive は「値段が高い、高価な」という意味で使います。

It looks familiar.
見覚えがあるんだよなあ   familiar：見覚えがある、親しみやすい

何かを見て、「これ見たことある気がするなあ」と言いたい時に使えます。デジャヴですね。

26 | It sounds

It sounds easy.

簡単そうに聞こえるけどね

It soundsを使って話せること

○ 耳で聞いた限りの感想

新しいレシピや、ゲームのルール、相手の会話の話題などを聞いて、「簡単そうだ」と判断しているイメージです。
soundは「〜に聞こえる」という意味です。

○ あくまで「聞いた限りの」感想です

It looksは目で判断した内容でしたが、It soundsは耳のみで判断する内容です。こちらも実際に体験しているわけではありません。そのため「聞いているだけでは簡単そうだったけど、実際にやってみたら難しかった」ということもありえます。

It sounds difficult.
難しそうだわ

It sounds interesting.
それ面白そうだね

interesting は「興味深い」という意味で使います。「笑える」という意味ではinteresting ではなくfunny やhilarious を使いましょう。

It sounds great.
それめっちゃいいじゃん　　　　　　　　　　**great**：素晴らしい

It sounds good to me.
それ、私には良い感じ

to me は「私にとって」という意味です。提案やアイディアが「自分にとっては」よく聞こえる時に使います。

It sounds weird.
なんか変じゃない?　　　　　　　　　**weird**：奇妙な、異常な、変な

相手の話などを聞いて「なんか変だな」と思った時に使えます。

It sounds familiar.
聞き覚えあるんだけどな

familiar は「見覚えがある、親しみやすい」という意味でしたね（63ページ）。sounds とセットで使うと「聞き覚えがある」という意味になります。

It sounds like a plan.
決まりだね　　　　　　　　　　**sound like**：〜のように聞こえる

plan は「計画」という意味で、このフレーズの直訳は「それは計画のように聞こえる」ですが「いいね、決まりだね」などの意味で使われます。It を省略してSounds like a plan. と言うことも会話では多いです。

27 | It tastes

基本フレーズ

It tastes good.

美味しいよ

It tastes を使って話せること

○ 味の感想

taste は「〜な味がする」という意味で、it はここでは食べ物や飲み物のことを指します。

味の感想が **It's delicious.** のワンパターンになっていませんか? It tastes で料理の感想に使える文の幅を広げていきましょう!

- -

○「実際に食べた感想」です

62ページの **It looks good.**（美味しそう）は、「あくまで見た限りの感想で、実際に食べたわけではない」ということがポイントでした。It tastes は逆に「実際に食べた感想」を述べる時に使います。

It tastes amazing!

美味しすぎる!

It tastes okay.

まあまあな味だね

「大丈夫、悪くはない、まあまあ美味しい」などの時に使います。一番使われるのは、「見た目が悪く美味しくなさそうだったけれど、食べてみたら意外に大丈夫だった」という時です。

It tastes bad.

不味いわ

「悪い味がする→不味い」という意味になります。

It tastes horrible.

ちょっと不味すぎるわ　　　　　　　　　**horrible**：恐ろしい、実にひどい

badよりも美味しくないことをさらに強調する時に使います。

It tastes too sweet.

甘すぎるね　　　　　　　　　　　　　　　　　　**sweet**：甘い

It tastes homemade.

お手製って感じの味がする　　　　　　　**homemade**：手作りの

「市販のものとは思えない、手作りのように美味しい」と感じる時によく使われますが、実際に手作りの料理を食べる時に「家庭的な料理の味がする」と賞賛する際にも使われます。

It tastes spicier than I expected.

思ってたより辛いわ

spicier：（〜よりも）辛い　**than**：〜よりも　**I expected**：私が想像した

自分が思っていた味と比較して、想像以上に辛いことを表しています。

make を使いこなそう！

38ページで紹介した make には「〜を作る」という意味がありましたね。
make はそれ以外の使い方でも会話でよく使われるので、今回のコラムで
3つ紹介していきます。

● 感情を作る

This news made me happy.

このニュースは私を幸せにした

何かニュースを聞いて嬉しい気持ちになった時に使うことができます。
174ページで紹介するように This news を It に変えて、It makes me
happy. とすることもできます。

● 行動を作る（＝強制する）

My boss made me work overtime.

私の上司は私に残業をさせました　　　　　　　　**work overtime**：残業する

難易度高めの表現ですが、会話でとてもよく使うのでここで紹介します。
make me＋動詞の原形で「誰かが私に何かを強制すること」を表すこ
とができます。他にも My parents made me eat vegetables.（私の両
親は私に野菜を食べさせた）などのような文を作ることができます。

● 理解を作る

make sure で「確認する」でしたが（39ページ）、make sense（理にか
なっている）も会話でよく使われます。何かを理解した時や、何かが合理
的な時に使います。

**A: He is so depressed cause it seems that his partner
left him.** 彼、すっごく落ち込んでるけど、どうやらフラれたっぽい

B: That makes sense. なるほどね　　　　　　**cause：because** の略

CHAPTER

3

過去や未来について
話せるパターン

現在のことだけでなく、
過去や未来のことも話せるようになると
「自分の言いたいこと」が伝えやすくなります!
この Chapter では、過去や未来について
話す時に使うパターンを集めました。

28 | I'm going to

┌─ 基本フレーズ ─┐

I'm going to stay home.

家にいるつもり

┌─ I'm going to を使って話せること ─┐

○ 予定

I'm -ing.（32ページ）と同様、未来の予定について言うことができます。

- -

○「～に行く予定だ」と言いたい場合は?

① **I'm going to the store.**
② **I'm going to go to the store.**

この2つ、実は若干ニュアンスが変わってきます。①の文は「まさに今お店に行こうとしているところ」という場面で使えますが、②の文は「今日のどこかでお店に行こうと思ってるよ」という場面で使えます。

しかし、どちらを使っても「未来の表現」であることに変わりはないので、まずは細かい違いを気にせずに英語の文章を作ってみましょう!

I'm going to make dinner.
これから夜ご飯、作るよ

make dinner：夕食を作る

I'm going to get some coffee.
コーヒー、買いに行くよ

getも「買う」という意味で、会話ではよく使われるんでしたね（47ページ）。

I'm going to try a new café.
新しいカフェ試す予定なんだ!

a new café：新しいカフェ

I'm going to go abroad next week.
来週、海外に行くの

abroad：海外に

abroadにtoは不要でしたね（43ページ）。

I'm going to be busy tomorrow.
明日は忙しくなりそう

be going toの後ろに来る動詞は原形です。be動詞はamもareもisもbeになります。

I'm going to your house.
（あなたの）家に行くわ

your house：あなたの家

あなた「の」と言いたい時はyouではなくyourです。your houseをyou houseにしないように注意しましょう。

I'm going to the gym.
これからジムに行くよ

I'm going to bed.
寝るね

29 | I'm not going to

基本フレーズ

I'm not going to stay home.

家にはいない予定だよ

I'm not going to を使って話せること

● 自分がしない予定のこと

I'm going to の否定で、「〜しない予定だ」という意味です。

14ページで「I'm を否定する時は I'm の後ろに not を持ってくる」と言いましたが、I'm going to も同じで I'm の後ろに not を持ってきます。

カジュアルな会話では、going to は gonna と短縮されることがよくあります。例えば I'm going to meet my friend. は I'm gonna meet my friend. になります（肯定文でも否定文でも使われます）。

I'm not going to meet her.

彼女に会う予定はないよ　　　　　　　　　　　　　　　　meet：〜に会う

彼女「に」と言いたい時はsheではなくherを使います。 meet herをmeet sheとしないように注意しましょう。

I'm not going to drink.

お酒は飲まないよ

drinkのみでも「お酒を飲む」という意味で使うことができます。

I'm not gonna eat out tomorrow.

明日、外食しない予定だよ　　　　　　　　　　　　　　eat out：外食する

I'm not gonna work overtime.

残業はしないつもり　　　　　　　　　　　　　work overtime：残業する

I'm not going to his house tonight.

今日の夜は（彼の）家に行かない予定だよ

彼「の」はheではなくhisです。 his houseをhe houseにしないように注意しましょう。

I'm not going there with my friend in 3 days.

3日後友達とそこに行かないよ

「〜日後に」はin 〜 daysと言います。 基本的に、時間の要素は「誰と」という要素より後ろに来ます！

30 | I will

I'll be late.

遅れます……

I will を使って話せること

○ 未来にすること

「あれ、これも未来の表現……？　be going to と will の違いは……？　そういえば I'm -ing. も未来の表現だったよね……？」と思いますよね。be going to は「すでに決定している予定」で使うとも言いますが、知り合いのネイティブによると「この2つは非常に似ている」とのこと。細かい違いで詰まってしまうよりは、未来の予定を伝える時はひとまずどちらかを使うのがいいと思います！

I'll は I will を短縮した形です。

○ 自分の「意志」

will は自分の意志も表します。例えば **I'll never give up.** は、「これからもあきらめる予定はありません」、つまり「これからもあきらめない」という意志、宣言として捉えることができますよね。そのため、will は自分の意志を話す時にも使うことができます。

I will call you later.
後で電話するね

later：後で

I'll take a chicken sandwich.
チキンサンドウィッチをお願いします

注文の時に使えるフレーズです。

I'll google it.
検索するね

Google は会社の名前ですが、 日本語で 「ググる」 と言うのと同じように、 「～をGoogle で検索する」 という意味でも使います。

I'll be right back.
すぐ戻るね

right：すぐに

I'm back. は 「戻ったよ、 帰ったよ」 という意味です。 will を使うことで 「すぐ戻るよ」 という意味になります。

I'll let you know.
連絡するね （知らせるね）

let：～に…させる （168ページ）

I'll check it out.
（それ） 確認するね

check out は一般的な 「確認」 よりもカジュアルなニュアンスが加わります。 it や her、 him のような短い単語 （代名詞など） は check out の間に入れ、 それ以外は check out の後ろに持ってくることが多いです。

I'll make reservations.
予約するね

make reservations：予約する

31 | I won't

基本フレーズ

I won't be late.

遅刻しません!

I won'tを使って話せること

○ 「もうしない!」という宣言

won't は will not の短縮形です。

I won't be late. は「これから先の未来では遅れません。」と自分が今後遅刻しないという意志を宣言するニュアンスを持ちます。このように I won't は「〜するつもりはない」「もう〜しない」という意志の宣言に使います。

I won't go there again.
もうあそこには行かないよ

I won't forget it.
（そのことを）忘れません！　　　　　　　　　　　　**forget**：～を忘れる

I won't give up.
あきらめないよ

ほぼ同じ意味でI'll never give up.とも言います。 never は「絶対に、一度も、決して～ない」という意味です。

I won't do that again.
もう（それは）しないよ

「会話の中ですでに登場した何か」をthatで言い表すことができます。 Are you going to play pranks on your sister again?（妹にまたイタズラするの?）→ I won't do that again.と言う時には、このthatは「妹にイタズラをすること」を表します。

I won't tell anyone.
誰にも言わないよ

anyone は肯定文で使うと「誰でも」、否定文で使うと「誰にも」という意味になります。

I won't let you down.
がっかりさせないよ　　　　　　**let down**：～をがっかりさせる、 期待を裏切る

I won't be messy.
散らかさないよ！

messy は、 テーブルや部屋などが散らかった状態を表します。 また、 My hair is messy. で「髪がボサボサだ」と言う時にも使えます。

32 | It will

It will be fun.

それ、きっと楽しいよ!

基本フレーズ

It willを使って話せること

○ 予測や期待

例えば、飲み会に対して **It will be fun!** と言うと、it（＝その飲み会）は
きっと楽しいものになるだろうという意味になります。このように It will は未
来の予測、期待の気持ちを表します。
will などの助動詞は、主語が I でも it でも you でも形が変化しません（助動
詞についての説明は118ページ）。また It'll は It will の短縮形です。

○ 励まし

It will は、例えば **It will be alright.**（きっと大丈夫だよ!）のように、励まし
の意味で使うこともできます。alright は「大丈夫」という意味で、この場
合の it は「その状況」を指します。相手が何かに失敗してしまった時など
に「大丈夫な it（状況）になるだろう→きっと大丈夫だよ!」と相手を慰め
る、励ます気持ちを伝えることができます。

It will be okay.
大丈夫だよ

左ページのIt will be alright.とほぼ同じニュアンスです。 okayの代わりとして、他にはfineなども使えます。

It will be so much fun!
すっごく楽しいと思うよ~!

so much（とても）を入れると、 fun（楽しい）を強調できます。

It'll take time.
時間がかかりますね　　　　　　　　　　　　　　**take time**：時間がかかる

It'll work out.
うまくいくよ　　　　　　　　　　　　**work out**：なんとかなる、 うまくいく

It'll be a good experience.
いい経験になると思うよ　　　　　　　　**a good experience**：いい経験

experienceは「経験」という名詞のほかに、「~を経験する」という動詞でも使えます。

It'll get better.
よくなりますよ

betterは「よりよい」という意味です。 getは「状態変化」の意味でした（46ページ）。 状況などが「今よりいい状態に変化しますよ」という意味です。

It'll be ready in 15 minutes.
15分後に完成します

レストランやファストフードで、 注文から完成までの時間を伝える時に使えます。

33 | Did you

Did you live in Australia?

オーストラリアに住んでたの?

Did you を使って話せること

○ 過去の確認

上の文のように過去のことについて確認する時など、Did は過去形の文を疑問文にする時に使えます。

yesterday（昨日）、two days ago（2日前に）、one month ago（1ヶ月前に）、last night（昨夜）、last summer（去年の夏）などの、過去の時間を意味する言葉とセットで使うことが多いです。

- -

○ 相手の感想を聞く

例えば **Did you like this movie?** は、直訳は、「あなたはこの映画を好みましたか?」となりますが、この言い方で相手がその映画を見て、いいと思ったかどうか感想を聞くことができます。

このように Did you は「相手の感想」を引き出す時に使うことが多いです。

Did you go out yesterday?

昨日出かけた？

go out：出かける

Did you get my text?

メッセージって受け取った？

メッセージと聞くとmessageが浮かぶことが多いと思いますが、メッセージアプリではtextを使うことも多いです。

Did you see the latest Marvel movie?

最新のマーベルの映画、見た？

マーベルファンの友達や、映画好きの友達と映画の話を始める時などに使うことができます。

Did you hear the airport announcement?

空港のアナウンス、聞いた？

hear：〜が聞こえる　the airport announcement：空港のアナウンス

hearは「自分が意識して聞こうと思ったわけではないけれど、自然に耳に入ってきた」という時に使います。聞こうと思って意識を向けて聞いた場合にはlisten toを使います。

Did you like it?

気に入った？

itには見た映画や読んだ本が入るイメージです。

Did you have fun?

楽しかった？

have fun：楽しむ

Did you enjoy the concert last night?

昨日のライブは楽しかった？

34 | Have you

基本フレーズ

Have you ever been to Japan?

日本に行ったこと、 ありますか?

Have youを使って話せること

○ 相手の「経験」を尋ねる

Have you ＋過去分詞 〜?の形で「それをしたことがあるか」と相手の経験を聞くことができます。 上の文のbeenはbe動詞の過去分詞という形です。

この表現は海外旅行などで「日本に来たことはありますか?」とアイスブレイクとして相手に聞くことができます。

- -

○ everやbeforeとセットに!

everは「これまでに」という意味、beforeは「以前に」という意味です。 Have youを使って相手の経験を聞く時に、セットでよく使う言葉です。

Have you ever been to the festival?

そのお祭り、 行ったことある?

festival：お祭り

Have you ever watched this movie?

この映画、 見たことある?

watched は watch の過去分詞形です。 watch のように、 過去形と過去分詞形はつづりが同じものが多いです。

Have you ever ridden a horse?

乗馬したことある?

ridden は ride (〜に乗る) の過去分詞形です。 horse は 「馬」 という意味です。

Have you ever taken the subway in LA?

ロサンゼルスの地下鉄に乗ったことある?

taken：**take**の過去分詞形

LA は Los Angeles (ロサンゼルス) の頭文字です。 Los Angeles と呼ぶより LA と呼ぶことの方が多いように思います。

Have you ever gone skydiving?

スカイダイビングをしたことはありますか?

gone：goの過去分詞形

Have you tried natto before?

納豆を食べたことある?

Have you met him before?

彼に会ったことあるっけ?

met：**meet**の過去分詞形

前置詞はイメージで覚えよう①

I'm in.（12ページ）のように、この本では日本の学校ではあまり習わない使い方で、前置詞が多く登場します。そうしたフレーズを使いこなすには、「前置詞をイメージで捉えること」が大切です！ 下のイラストと例文で、前置詞のざっくりとしたイメージを掴みましょう。

in 立体的な空間の中

inは「立体的な空間の中」というイメージです。例えば、12ページのI'm in.（やるよ）は、誰かが話した計画「の中」に入るイメージで、「自分もやるよ、参加するよ」という意味になります。

at ポイント、点

inが「立体的な空間の中」だったのに対し、atはピンポイントにある一点を指しているイメージです。例えば「駅で待ち合わせよう」はLet's meet at the station.です。待ち合わせ場所である駅を地図上の点として捉えているイメージです。一方でLet's meet in the station.のようにinを使うと、駅の構内であることが強調されるイメージになります。

on 接触

onは「〜の上」に乗っているイメージを持ちがちですが、上だけでなく、横でも下でも、くっついていればonを使います。また形のあるモノ以外にも使えます。例えば、I'm on it.（今からやるよ）は、「it（仕事など、やるべきこと）に接触するよ→着手するよ」というイメージです。

CHAPTER

4

表現の幅が広がる
助動詞パターン

助動詞とは、動詞の前に付け足す言葉のこと。
これらを使いこなせるようになると
「〜ができる」「〜しなければいけない」など
言えることの幅が一気に広がります!
この Chapter では、そんな助動詞を使った
表現力が上がるパターンを集めました。

35 | I can

基本フレーズ

I can cook.

料理ならできるよ

I canを使って話せること

○ できること

canは「〜することができる」という意味の助動詞です。
自分ができることを、canを使って積極的にアピールしていきましょう!

○ 相手への提案

例えば **I can help you with that.** は、直訳は「私はあなたを助けることができますよ」ですが、そこから派生して「手伝おうか?」と相手に提案するようなニュアンスを持ちます。このようにcanを使うことで、「〜しようか?」「〜してあげようか?」と相手に何かすることを提案することもできます。

I can drive.
運転できるよ

drive：車を運転する

I can speak Spanish.
スペイン語、 話せます

Spanish：スペイン語

SpanishをSpainとしないように注意！ Spainは「スペイン」で、 Spanishは「スペインの、 スペイン人、 スペイン語」という意味です。

I can eat spicy food.
辛いの、 いけるよ

spicy：辛い

I can go.
行けるよー

Are you free to catch a movie with me on this day?（この日、 一緒に映画に行ける?）などと聞かれた時に、 使うことができます。

I can try.
試してみるわ

何か新しいことに挑戦する時に「やったことはないから自信はないけれど……試すことはできます!」と、 少し不安げなニュアンスを持つことが多いです。

I can wait.
待とうか?

「私は待つことができるから、 よかったら待とうか?」という意味になります。

I can pick you up.
迎えに行けるよ

pick up：迎えに行く、 取りに行く

基本的にはit、 him、 herといった代名詞などの短い単語はpickとupの間に入りますが、 それ以外はupの後ろに持ってくることが多いんでしたね（75ページ）。

基本フレーズ

I can't cook.

料理ができないんだ

I can'tを使って話せること

● できないこと

I can cook. で「料理ができる」でしたね（86ページ）。can'tはcan「〜できる」を否定していて、「〜できない」という意味です。

- -

● 制限されていること

例えば、**I can't smoke.**（タバコ吸えないんだよね）は「喘息の持病があるから吸うことができない」など、何か明確な理由があって吸うことができないという意味で使うこともできますが「お医者さんに禁止されていて」や「周りに宣言してしまったから」のような、約束やルールなどで制限されている場面でも使うことができます。

I can't drive.

運転ができないんだよね

「体調不良で運転ができない」と言う時の他に、「運転免許を持っていない」と言う時にも使えます。

I can't swim.

カナヅチです

「カナヅチだ」を「泳げない」に変換しましょう!

I can't decide!

決められない!

decide：決める

I can't wait.

待ちきれない!

長く待ちすぎて「もうこれ以上待てない」と言う時にも使えますが、何かを楽しみに待っていて「待ちきれない!」という意味でも使うことができます。

I can't find it.

見つからない!

探し物がなかなか見つからない時に使えるフレーズ。見つかったらFound it!（126ページ）を使ってみましょう。

I can't believe it!

信じられない!

バッドニュースだけでなく、「このコンサートのチケットが当たるなんて信じられない!」のようなグッドニュースにも使うことができます。

I can't hear you.

聞こえないよ

37 | You can

基本フレーズ

You can use my phone.

私の携帯、使ってもいいよ

You can を使って話せること

○ 相手への許可

「あなたは私の携帯を使うことができる」という直訳になるのですが、つまり「私の携帯を使ってもいいよ」と許可を出しているイメージです。このように、You can は「〜してもいいよ」と許可を出す時に使うことができます。

- -

○ 相手への励まし

You can do it!（あなたならできるよ！）は、相手が何かにチャレンジしている時や、何かをあきらめそうになっている時に、励ます場面でよく使います。直訳は「あなたはそれをすることができる」で、このように You can は相手を励ますニュアンスを持つ場合があります。

You can use my laptop.

（私の）パソコン、使ってもいいよ

laptopは「ノートパソコン」という意味でした（47ページ）。computerはデスクトップパソコンを思い浮かべる人がネイティブには多いそうです。

You can use my phone charger.

（私の）充電器、使ってもいいよ   **charger**：充電器

erは「〜する人、〜するもの、〜する専門家」という意味です。chargeには「充電する」という意味があり、chargerは「充電するもの→充電器」です。

You can park here.

ここに停めてもいいよ   **park**：駐車する、駐輪する

parkは「公園」という意味ですが、動詞では「駐車する」という意味になります。

You can choose.

選んでいいよ   **choose**：選ぶ

You can ride with us.

（私たちと）一緒に乗っていいよ!   **ride**：車に乗る

You can at least try!

少なくともさ、試してみなよ!   **at least**：少なくとも

「とりあえず試すだけ試してみなよ!」というニュアンスで、よく使います。

You can speak English!

（あなたは）英語、話せるよ!

「あなたはもうすでに英語を話すことができているよ!」という意味でも使うことができます。しのからあなたへのメッセージです!

38 | Can I

基本フレーズ

Can I use your phone?

携帯、借りてもいい?

Can Iを使って話せること

○ 親しい人に許可を求める

You can（90ページ）で、canには「許可」の意味があると解説しました。
Can Iは「〜してもいい?」と、自分が相手に許可を求める時に使います。

- -

○ 提案する

Can I help you? は直訳は「あなたのことを助けてもいいですか?」と
許可を取っているような日本語文になりますが、「手伝いましょうか?」と提
案する意味で使うフレーズです。

Can I use your pen?

（あなたの）ペン、使ってもいい？

Can I use your phone charger?

（あなたの）充電器、使ってもいい？

Can I try this on?

試着してもいい？　　　　　　　　　　　　**try on**：〜を試着する

動詞と前置詞の間に入れるシリーズですね（75、87ページ）。

Can I get this one?

これ、ください

注文の時に使えるフレーズです。左ページでは「親しい人」という書き方をしましたが、アメリカではお店の方などにCan Iを使うこともよくあります。

Can I have some water, please?

お水をいただけませんか？

pleaseをつけるとより丁寧な表現になります。

Can I get an extra bag?

追加の袋をもらえますか？　　　　　　　　　**extra**：追加の

Can I check in here?

ここでチェックインしてもいいですか？　　　**check in**：チェックインする

Can I exchange currency here?

ここで通貨両替はできますか？　**exchange**：〜を交換する　**currency**：通貨

39 | May I

May I borrow your pen?

ペンをお借りしてもいいですか?

May Iを使って話せること

○ 丁寧に許可を求める

Can I（92ページ）と意味は同じで、より丁寧に許可を求めることができます。店員さんや目上の方にはMay Iを使うことが多いです。

- -

○ Can Iでも丁寧に

Can Iよりも丁寧な表現なので、目上の方や初対面の方にはこちらを使っておけば間違いないです。しかし、Can Iのページでもお伝えしましたが、アメリカでは注文時、Can I...? を使うことがよくあります。またCan Iで始まる文も、最後に please をつけるだけで丁寧な印象になります（93ページ）。
ホストシスターが「話す内容」よりも「どう話すか」の方が重要と言っていました。丁寧に、しっかり伝えようという思いを相手に伝えられたら、「失礼」ということはないので、まずは伝えようという「思い」が大事です!

May I sit here?

ここに座ってもいいですか?

sit：座る

May I take this seat?

この席、使っても大丈夫ですか?

seat：席

May I sit here? とほぼ同じ意味です。

May I open the window?

窓、開けてもいいですか?

May I pay with cash?

現金で払ってもいいですか?

cash：現金

カードの場合は May I use my card? が使えます。

May I use the bathroom?

トイレを借りてもいいですか?

bathroom：トイレ

日本語につられて use ではなく borrow を使うと、厳密に言えば「便器を一時的に借りて持ち出してもいいですか?」という意味になってしまいます。
トイレの言い方については145ページをチェックしましょう!

May I ask you a question?

質問してもいいですか?

質問が複数ある場合は questions を使いましょう!

May I leave my luggage here?

ここに荷物を置いておいてもいいですか?

luggage：荷物

ホテルのロビーなどに、荷物を一時的に置きたい時に使うことができます。
luggage は baggage に言い換え可能です。もし荷物を運んでもらった時は
Thank you for carrying my luggage.（179ページ）を使ってみましょう。

40 | I should

I should go to bed early.

早く寝た方がいいね

I shouldを使って話せること

○ 自分で「した方がいい」と思っていること

shouldは「～するべきだ」という意味の助動詞です。
「体調が悪いから、早く寝るべきだな」など、早く寝た方が自分のためになる時や、「明日朝早くからミーティングがあるから早く寝るべきだ」のように自分がするべきことを言いたい時に使います。

- -

○ 礼儀やマナー

例えば、**I should thank him.**（彼に感謝すべきだな）は誰かがあなたのことを助けてくれた場合に、「礼儀として、人として彼に感謝をするべきだ」「感謝するのがマナーだ」と思っている時に使える表現です。

I should get up early.

早起きするべきだなあ

get up は「起床する」で、wake up は「目覚める」でしたね（31ページ）。

I should drink more water.

もっとお水を飲まないとな   **more**：より、もっと

I should work out.

筋トレした方がいいよなあ

I should save money.

貯金しないと!   **save money**：貯金する

I should buy tickets online.

オンラインでチケットは買うべきだな   **online**：オンラインで

現地で買うと高いという情報を見た時などに使えます。

I should write a thank-you note.

感謝の手紙を書くべきだな   **thank-you note**：感謝の手紙

I should apologize to him.

彼に謝るべきだな   **apologize**：謝る

I should introduce myself to the new members.

新人さんたちに自己紹介するべきだよね!

introduce myself to：〜に自己紹介をする   **member**：メンバー

41 | Should I

TRACK 🔊 41

基本フレーズ

Should I turn off the light?

電気、消した方がいい?

Should Iを使って話せること

○ 自分が何かをする前に、相手に確認する

Should IはI shouldの疑問形で、自分がその行動をとるべきかどうか確認する時に使えます。

- -

○ 相手にアドバイスを求める

例えば、ジュンという人を怒らせてしまった時に、**Should I call Jun?**（ジュンに電話した方がいいかな?）と言うと、電話した方がいいかどうか相手にアドバイスを求めることができます。

するべきか、しない方がいいか、どちらの選択肢を取るべきか迷う時に使いましょう。

Should I take off my shoes?

靴は脱いだ方がいい?

Should I wear a jacket?

ジャケットを着るべき?

Should I join the gym?

ジム、入った方がいいと思う?　　　　　　　　**join**：〜に入会する、入る

Should I change my hairstyle?

髪型、変えた方がいいかな?　　　　　　　　**hairstyle**：髪型

Should I get Netflix?

ネットフリックスに入った方がいいかな?

「加入する」にはsubscribeという単語もありますが（日本語にもサブスクという言葉がありますよね!)、この文脈でのカジュアルな会話ではgetがよく使われます。

Should I book this tour?

このツアー、予約した方がいいかな?　　　　　　　**book**：〜を予約する

Should I bring anything on the tour?

ツアーには何か持っていった方がいいかな?　　　　**bring**：〜を持っていく

疑問文でanythingは「何か」という意味で使うことができます。

Should I buy train tickets in advance?

前もって切符は買っておいた方がいいかな?　　　**in advance**：前もって

099

42 | You shouldn't

> 基本フレーズ

You shouldn't eat that.

それは食べない方がいいよ

You shouldn't を使って話せること

○「しない方がいい」という忠告

上の文は「賞味期限が切れているから」「あまり美味しくないから……」などの理由から、食べないことを勧めています。shouldn't は「〜しない方がいい」という意味です。

- -

○ 失敗談やよくない思い出

例えば、**You shouldn't go to that hair salon.**(その美容院には行かない方がいいよ)は、美容院に行って「少し量を減らすだけにしてください」と言ったのに、ベリーショートにされてしまったなど、あまり気持ちのいい経験ができず「そこには行かない方がいいよ」と言う時などに使えます。失敗談やよくない思い出に基づいて「〜しない方がいい」とアドバイスする時に使うことができます。

You shouldn't skip dinner.

夕食は抜かない方がいいよ

skip：～を飛ばす、抜かす、サボる

You shouldn't forget your umbrella.

傘、忘れない方がいいよ～

このフレーズは You should bring your umbrella. に変換可能です。

You shouldn't go alone.

1人では行かないほうがいいよ

alone：1人で

You shouldn't worry so much.

あまり心配しすぎないで

「心配しないで！」と伝えたい時は Don't worry! もよく使われます。

You shouldn't eat at that restaurant.

あそこのレストランは行かない方がいいよ

You shouldn't go to that restaurant. と言ってももちろんOKです！

You shouldn't trust that website.

あのサイトは信用しない方がいいよ

trust：～を信じる　**website**：ウェブサイト

You shouldn't take that road during rush hour.

ラッシュの時にあそこの道は使わない方がいいよ

during：～の間　**rush hour**：通勤・通学ラッシュ時間

take は「とる」というイメージでした（詳しくは44ページ）。この文では、様々な通勤経路から「その道を取る→その道を使う」という意味になります。

43 | I have to

I have to do this work.

この仕事やらないと

I have to を使って話せること

○ しなければいけないこと

have to を使うと「〜しなければならない」と、自分のやるべきことを伝えられます。

have to は厳密には助動詞ではないので、他の助動詞と使い方が異なる点がいくつかありますが、働きが助動詞に似ているのでこの Chapter で解説しています。

○ 緊急事態

例えば **I have to leave now!**（今すぐ出発しないと!!）は「今すぐに出発しないと、飛行機に乗り遅れてしまう!」、そんな場面で使うことができます。文の最後に now や right now などをつけることで「今すぐそれを行わなければいけない緊急事態だ」というニュアンスを持たせることができます。

I have to get up early.

早起きしないと

get up は「起床する」でしたね（31ページ）。

I have to catch the train.

その電車に乗らないといけないんだ

catch は「〜を捕まえる、掴む」という意味から派生して、会話では「（乗り物など）に間に合うように乗る」という意味でよく使われます。

I have to finish this task by 9 pm.

21時までにこの作業を終わらせないと　　　　　　　　**task**：仕事、作業

task は仕事の中でも「比較的短い時間で終わることの多い作業」を指します。メールの返信、報告レポートの作成、部屋の掃除などです。

I have to clean up after dinner.

夜ご飯の後、片付けないと　　　　　　　　**clean up**：片付ける

I have to confirm my flight information.

フライトの確認しないと　　**confirm**：〜を確認する　**information**：情報

I have to check out now.

今すぐチェックアウトしないと　　　　　　**check out**：チェックアウトする

now は「今」という意味です。チェックアウトの時間がかなり迫っていたり、次の予定の時間がかなり近づいている時などに使います。

I have to call the police!

警察に電話しないと!

「私は警察に電話しなくてはいけない」という緊急性を表しています（使わないに越したことはないフレーズですね）。

44 | I don't have to

I don't have to work today.

今日は仕事する必要ないんだ

I don't have to を使って話せること

◎ 自分がする必要のないこと

have to の文を否定する時は、前に don't をつけて don't have to にします。have not to などにしないよう注意しましょう!

- -

◎ 禁止ではない

shouldn't は「〜しない方がいい」でしたが、don't have to は「〜してはいけない」という禁止ではなく「してもいいが、する必要はない」という意味です。

例えば **I don't have to leave now.**(今出る必要はないな)は「ここを離れてはいけない!」という「禁止」を意味しているわけではありません。

I don't have to get up early tomorrow.
明日の朝は早く起きなくてもいいの

I don't have to buy anything.
何も買う必要はないね

I don't have to go there.
私、 そこに行かなくていいのよ

don't have to は禁止ではないため「行ってはいけない」というわけではありません。

I don't have to rush.
急ぐ必要はないね   **rush**：急ぐ

I don't have to text her.
（彼女に） 連絡する必要はないな

text は 「~にメッセージを送る」 という意味でも使います。

I don't have to decide right now.
いますぐに決める必要はないな

「決める」 は decide 以外に make a decision という言い方もよく使われます。

I don't have to be perfect.
完璧である必要はないよね   **perfect**：完璧な

to の後ろは動詞の原形で、 be動詞の原形は be でしたね。

I don't have to go in to the office tomorrow.
明日、 出社する必要ないんだ   **go in to the office**：オフィスに入る

45 | Do I have to

基本フレーズ

Do I have to clean my room now?

今、部屋を掃除しなきゃいけない?

Do I have to を使って話せること

○ 自分がしなくてはいけないことの確認

Do I have to は I have to の疑問形で「〜しなければいけませんか?」と自分の義務を確認するパターンです。文の作り方は、I have to で始まる文に Do をつけるだけです。

- -

○ Do I have to と Should I の違い

Do I have to は、必ずしなければいけないかどうかを聞く時に使います。上の文では「部屋の掃除を絶対にしなくてはいけないのか」を聞いています。一方で **Should I clean my room?** は「部屋を掃除した方がいいかな?」とアドバイスを求める表現です。「必須だとは思っていないけれど、した方がいいと思う?」などと相手に意見を求めています。

Do I have to do the dishes?

私がお皿洗いしないといけない？

do the dishes で「皿洗いする」という意味になります。
※ wash the dishes でも似た意味になります

Do I have to wear a uniform?

制服、着ないといけない？　　　　　　　　　　**uniform**：制服

uniform は、学生服はもちろん、職場などで指定された制服も表します。

Do I have to lock the door?

ドアに鍵をかけなければいけませんか？　　　**lock**：〜の鍵をかける

Do I have to be home by 10 pm?

22時までに家にいないといけないの？　　　**be home**：家にいる

to の後ろは動詞の原形でしたね。

Do I have to show my passport?

パスポートを見せないといけないのですか？

show は「〜を示す」という意味でよく紹介されますが、実際の会話では「〜を見せる」「〜を提示する」などの意味でよく登場します。

Do I have to check out before 11 am?

11時前にチェックアウトしなくてはいけませんか？　**before 11 am**：11時前

Do I have to declare this at customs?

これ、税関に申告しないといけないですか？

declare：〜を申告する　**customs**：税関

上の2つの例文は、海外旅行で便利なのでチェックしておきましょう！

46 | You don't have to

基本フレーズ

You don't have to cook dinner.

夜ご飯、作らなくても大丈夫だよ

You don't have to を使って話せること

○ 相手に「〜しなくても大丈夫だよ」と伝える

相手がしようとしてくれたことについて「やらなくても大丈夫だよ!」と言う時に使えます。

- -

○ 相手の提案を優しく断る

例えば、相手から「おごるよ!」と言われた時に、**You don't have to pay for my meal. I'm just happy to see you!**(私の分まで払わなくて大丈夫だよ。会えて嬉しいんだから!)と言うと、その提案を「払わなくて大丈夫だよ」と優しく断っている表現になります。
pay for は「〜の代金を払う」という意味です。

You don't have to get up early tomorrow.

明日、 早起きしなくても大丈夫だよ

「ゆっくり寝てて!」 というニュアンスを込めることができます。

You don't have to wash the dishes.

お皿洗い、 やらなくて大丈夫!

I'll do it. (私がやるから!) を2文目につけると、 より優しいですね!

You don't have to finish your plate.

全部食べなくても大丈夫だよ　　　　　　　　　　**plate**：(1人分の) 料理

You don't have to buy me a gift.

プレゼント、 私に買う必要ないからね

Your presence is enough. (あなたがいるだけで十分だよ) なんてつけたらロマンチック!

You don't have to lend me money.

お金、 私に貸す必要ないから!　　　　　　　　　　**lend**：貸す

lendは貸す、 borrowは借りるです。 逆で覚えないようにしましょう!

You don't have to give me a ride.

(私を) 送る必要ないよ!　　　　　　　　　　**give ~ a ride**：~を送る

I'll walk. (歩くから!) や I'll take a taxi. (タクシー乗るから) などの文を後につけるとより伝わりやすいです。

You don't have to help me with that.

(それを) 手伝わなくても大丈夫よ

helpの後ろには、 助けられる、 手伝いされる「人」が来ます。 手伝いの内容はwithを使って表現します。

47 | I might

基本フレーズ

I might go out.
遊びに行くかも

I might を使って話せること

○ 確実ではない未来のこと

might は「〜するかもしれない」と、be going to や will などに比べて可能性が高くない場合に使います。

上の文は、必ずしも go out（外出する）なわけではなく、「もしかしたら外に出るかも！」とそれほど可能性が高いわけでもないニュアンスを持ちます。

- -

○ 決断を保留していること

例えば **I might go to my high school reunion.** は「高校の同窓会、行くかも！」という意味で、同窓会に行くか迷っていてまだ決断していないような時に使います。

どのくらい迷っているのか、というのは話し手と会話の流れ次第になります。日本語でも、その同窓会に行くことをほぼ決めていても「行くかも」と言うこともあれば、行く気持ちが2％くらいしかない場合でも「行くかも」と言うこともありますよね。英語も同じ感覚です。

I might stay home.
家にいるかも

どこにも行かず、 家にいる可能性があることを意味します。 「外に出る可能性もあるし、 まだ決まっていないけれど、 そのまま家にいるかもしれない」 というニュアンスです。

- -

I might eat out tomorrow.
明日、 外でご飯食べるかも

- -

I might take a day off.
休みを取るかも　　　　　　　　　　　　　**take a day off**：（1日） 休みを取る

- -

I might move to Tokyo.
東京に引っ越すかも　　　　　　　　　　　　　　　　　　**move**：引っ越す

move は 「動く」 という意味で有名ですが、 「引っ越す」 という意味でもよく使います。

- -

I might be late.
遅れるかも

I'm late.（遅れています） を might に変えた文です。 amをbe に変え、 might の後ろに持ってきて作りましょう。

- -

I might be wrong.
私が悪いのかも……

絶対相手が悪いと思っていたけれど 「よくよく考えてみたら私が悪いのかも……」 という時などに使います。 このようにmight は、 認識が変わり始めた時や、 正しいことに気づき始めた時などにも使えます。

- -

I might be able to find us a good restaurant.
いいレストラン見つけられるかも！

直訳は 「私たち （のため） に良いレストランを見つけられるかも！」 です。

48 | I used to

基本フレーズ

I used to live in Osaka.
大阪に前住んでたんだ

I used to を使って話せること

○ 今はしていない過去のこと

上の文と **I lived in Osaka.** との違いは「大阪に住んでいたのは前のことで、今は違う場所に住んでいる」ということを強調している点です。

- -

○ 昔の思い出を懐かしむ

例えば、**I used to drink so much coffee back then.**（あの時はめっちゃコーヒー飲んでたな）のように、used to は昔の思い出を懐かしむ時にも使えます。back then は「その当時、かつて」という意味で、used to を使って懐かしむ時に、セットでよく使います。

I used to play the piano.

ピアノ、 弾いてたなあ

play the piano：ピアノを弾く

「今はピアノを弾いていないけれど、 以前はピアノをよく弾いていた」 という、 過去にしていたことを相手に伝える表現です。

I used to travel a lot.

旅行、 前は頻繁に行ってたな

I used to smoke.

前はタバコを吸ってたな

smoke：タバコを吸う

I used to go there often.

前はよくあそこに行ったなあ

often：よく、 しばしば、 頻繁に

I used to be shy.

私って、 前はすごくシャイだったの

shy は日本語のシャイと同じで 「恥ずかしがりな」 という意味です。

I used to have an egg allergy when I was a kid.

子どもの頃、 卵アレルギーがあったんだよね

when を後ろにつけると 「〜する時」 という意味を文に加えることができます。

I used to stay at this hotel when I came here.

ここに来る時はこのホテルに泊まってたな

stay at：〜に泊まる、 〜に滞在する

49 | It must be

基本フレーズ

It must be fun.

それ、絶対楽しいよ!

It must be を使って話せること

● 判断に自信があること

It must be の it には、会話の話題の中心が入ります。

must は「〜に違いない」という意味の助動詞です。自信がある、確信しているような時に使います。しかし、ポイントは「実際には体験していない」ということです。かなり自信はあるものの、あくまで予想です。上の文のように **It must be fun.** と言っても、もしかしたら実際は楽しくない可能性も残っていることがポイントです（そんなことはほとんどないと思うんだけれど、というのもポイント……）。

It must be good!

それ、絶対いいよ!

「それがいいに違いない!」という意味です。特に、料理に使うと「美味しいに違いない」という意味になります（でも、まだ食べていません）。

It must be hard.

大変に違いないね   **hard：大変な、つらい**

hardは「大変な」という意味以外にも、「一生懸命な」「熱心な」という意味もあります。

It must be exciting!

それ、絶対楽しいじゃん!

左ページのIt must be fun.とほぼ同じ意味ですが、excitingはfunよりワクワク感を伝えたい時に使われることが多いです。

It must be Riho's phone.

それリホの携帯だと思う

リホの携帯であることに対して自信を持っている時に使います。「違う可能性もないわけではないけれど、確信度はかなり高いよ」というニュアンスです。

It must be lunchtime.

お昼の時間だな

It must be raining outside.

外は雨が降ってるだろうね

実際に雨が降っているところを見たわけではないけれど、傘をさしている人が窓から見えたり、雨音を聞いたりしたことで、雨が降っているだろうと確信を持っているイメージです。

It must be Yumiko's birthday today.

今日はユミコの誕生日だな

50 | It could be

基本フレーズ

It could be his phone.

それ、彼の携帯かもね

It could be を使って話せること

◎ 可能性があること

It must be よりも確信の度合いは低めです。例えば **It could be raining outside.**（雨降ってるかもね）は、「外は見ていないけれど、15分前くらいに雨が降り始めるという予報を聞いた」など、外の天気がどうなっているかは確信が持てない時に使います。一方で **It must be raining outside.** は、窓から外の人が傘をさしているのが見える場合など、雨が降っていることがほぼ間違いなく確信できる時に使います。

◎ Could be のみで使うことも

It could be の it を省略して Could be で始めることも、会話では多いです。
また **Is this his phone?**（これ、彼の携帯かな?）など、誰かに何かを聞かれた時に **Could be.** と答えることで「かもね」という意味になります。

It could be her wallet.
それ、あの人の財布かもね

wallet：財布

It could be amazing!
それ、最高かもよ!

It could be cold outside.
外、寒いかもよ

気温が下がるという予報を見た時に使いましょう。外には出ていないので、実際に寒いかどうかわからないのがポイント。

It could be a cat.
猫かもね

「何か物音がする……」「泥棒?」「あ! 猫かもね」そんな時に使いましょう（でも本当は泥棒かも……）。

It could be under the bed.
ベッドの下にあるかも

under：~の下

It could be in the kitchen.
キッチンにあるかも

Could be better to ask for directions.
道を聞いた方がいいかも

to ask：尋ねること　**directions**：道順

このように主語（It）を省略することもできます（とてもネイティブっぽく聞こえるそう）。It could be better to ask for directions. でももちろんOK。

助動詞を使う時のコツ

can 〜できる	**must** 〜に違いない	**might** 〜かも
should 〜した方がいい	**will** 〜します	**would** 〜でしょう

助動詞を使う時に意識すること

① 重ねては使えない

助動詞は、例えば、You will can do this. のように、他の助動詞と組み合わせて使うことができません。You will be able to do this. などにしなくてはいけません。

② 助動詞の後ろは動詞の原形!

助動詞の後ろは動詞の原形がきます。例えば He might comes to my house. ではなく、He might come to my house. にする必要があります。

③ 疑問文を作る時は前に持ってくれば OK!

助動詞を使った文を疑問文にする時は Do などは必要ありません。

CHAPTER

5

思いや考えが伝わる
thatパターン

I think that や I told that など
that の形を使うことで
「～と思う」「～と言う」 など
自分の思いや考えを
伝えることができます。
そんな that の形が使える動詞の
パターンを集めました。

51 | I think

基本フレーズ

I think that she is nice.

あの人は、 いい人だと思う

I think を使って話せること

○ 思いや考え

日本語でも「〜と思う」と言う時、「〜」の部分に別の文が入ることが多いですよね。上の例文の場合「あの人はいい人だ」という別の文が入り込んでいます。

I think that の that が来たら「この後ろに別の文が来るんだな」と思っておいてください。

I think 私は〜と思う

that （この後ろに文が入り込みます!）

she is nice あの人はいい人だ

また、that を省略して **I think she is nice.** と言うことも会話では多いです。

I think that this restaurant is good.

このレストランはいいと思う

I think that he is hot.

彼、 かっこいいと思う

hot は人に使う時「かっこいい」という意味で使うことができます。性別問わず使うことができる表現です。

I think that Japan is safe.

日本は安全だと思う   safe：安全な

I think you're right.

（あなたが）あってると思う

I think I can make it on time.

私、間に合うと思う   on time：時間通りに

make it は直訳すると「それを作る」ですが、この場合は「時間通りの状況を作る→間に合う」という意味で使います。

I think the museum opens at 10 am.

美術館は10時に開くと思う   open：開く

I think they're coming over tonight.

あの人たち、今日の夜に私の家、来ると思う

come over だけで「こちらに訪れる、来る」という意味です。to my house などをつけても大丈夫ですが、つけないことも多いです。

52 | I told

I told you!

言ったじゃん!

I told を使って話せること

○ もう伝えたこと

told は tell の過去形です。tell には 「伝える」 という意味が含まれるのが
ポイントです(日本語の実際の会話では「伝える」から派生して、「言う」と脳内変
換しておくといいです)。
特に **I told you!** は 「あなたに伝えた!」 が直訳ですが 「言ったでしょ!」
と言いたい時に便利です。

I told him the news.
彼にそのニュースを話したんだ

I told my friend about the accident.
事故について友達に話したわ　　　　　　　　**accident**：事件、事故

　about は「〜について」という意味です。

I told a joke.
冗談だよ

　tell や told の後には伝える相手だけでなく、伝えた内容を持ってくることもできます。

　日本語でもジョークと言いますが、英語でも joke は「冗談」という意味です。

I told you that I couldn't go.
私は行けないって言ったじゃん

　tell や told の後に that を入れて、文を入れ込むこともできます。

　「行くことができない」と伝えたのは過去のことなので、can の過去形の could を使います。

I told you that it's hot outside.
外、暑いって言ったじゃん

　暑さを表す表現として、It's hot. 以外にも It's boiling.（沸騰しそう）、The heat is insane.（熱が半端ない）などがあります。

I told you that Emina is amazing.
エミナは素敵だって言ったじゃん

I told you that this hair salon is so good.
この美容院、いいって言ったじゃん!　　　　　　**hair salon**：美容院

53 | I know

基本フレーズ

I know him!

この人、知ってる!

I know を使って話せること

○ 自分が知っていること

know を「知る」という意味で覚えている人もいるかもしれませんが、「〜を知っている」という意味に言い換えるといいです。

上の例文の直訳は「彼のことを知っている」ですが、日本語で「彼」「彼女」ってあまり使わないですよね。場面によって、「この人」「あの人」などを使っても大丈夫です。

○ 相手への共感

日本語でも「わかる」と言って相手への共感を伝えるのと同じで、英語の I know でも相手の話への理解や、相手の状況への共感を伝えることができます。

「自分も経験があるからその気持ちを知ってるよ」という意味です。

I know this restaurant.

このレストランなら知ってるよ

自分がこのレストランを「前から知っている」ことを表します。

I know his name.

あの人の名前、わかるよ

「彼の名前」なのでhe nameではなくhis nameとしましょう!

I know a good place.

いい場所、知ってるよ～!

I knew it!

やっぱりね!

knewはknowの過去形で、この文では「そのことをすでに知っていた」ことを表します。例えば「友達が遅刻しそうだと思っていたら実際に遅刻した」という時などに使えます。

I knew that they went home.

あ～、あの人たちが帰ったの知ってたよ

文を入れ込むためのthatはknowでも使えます。

I knew you could do it!

あなたならできるって思ってたんだから!

I knew that you could do it.のthatが省略されています。

I knew something was wrong.

なんだかおかしいと思ってたんだよね 　　　　**wrong**：間違っている

動きの悪い電化製品や、ゴタゴタしそうな人間関係など、元々「なんかおかしいな～」と思っていたものに、とうとう問題が起こった時に使いましょう。

54 | I found

基本フレーズ

I found a good café.

いいカフェ見つけたよ

I found を使って話せること

○ 自分が見つけたもの

found は find の過去形です。新しく見つけたものや、探していたもの・人を見つけた時にこの表現を使います。

特に、探していたものを見つけた時に「見つけた!」と言いたい時は **Found it!** と主語を抜いて使うことも会話では多いです。

○ 知らなかった事実や情報の発見（found out で）

knew は「前から知っていた」でしたが、「今知った場合はなんて言えばいいの?」と思われたかもしれません。その場合に found out が使えます。例えば **I found out that the meeting was canceled.** は「会議がキャンセルになったことを知った」という意味です。会議がキャンセルになったことを「今見つけ出した、わかった」というニュアンスを持ちます。

I found my key!

鍵、見つけた!

探し物を見つけた時にfoundは便利な動詞です。ちなみに「落とし物センター」のことを英語でlost and foundと言います。

I found a funny video.

面白い動画を見つけたの　　　　　　　　　　**funny**：面白い、笑える

I found my old pictures.

懐かしい写真が見つかったんだ

探していたわけではなく、偶然見つけた場合でも使えます。by accident（偶然に）をつけると、偶然見つけたことをよりはっきりと表します。

I found a shortcut.

近道、見つけた!　　　　　　　　　　　　　**shortcut**：近道

I found a mistake.

間違い、見つけたわ……

できれば見つけたくないですね……。ちなみに「間違える」はmake a mistakeです。

I found out that the tickets are sold out.

チケットが売り切れてるのがわかったんだ　　　**sold out**：売り切れて

このthatも省略可能です。

I found out the flight was delayed.

飛行機が遅れてるって知ったんだ　　　　　　**delayed**：遅れて

思いや考えを伝える that

I think that や I found out that など、that を使うことで思いや考えを伝えることができます。

I think that this movie is good.

⟵⟶

I think that は「私は〜と思う」という意味です。「that」の後ろに、話し手の思っていることや意見がきます。

この例文の場合は、this movie is good.（この映画良い!）＋ I think（私は思う）のように I think と this movie is good を繋げるイメージです。

特に会話では3つの使われ方があります。

①意見や感情を伝える時

I think that he is a good guy. 彼、いい人だと思うよ

I believe that everyone deserves a second chance.
誰でも2回チャンスがあっていいって信じてる

I feel that she is telling a lie. 嘘ついているって感じるなあ

②何かを知っていることを伝える時

I know that you have been busy lately.
最近忙しいのは知ってるよ

③誰かの言ったことを説明する時

She said that she'll be late. あの子、遅れるって言ってた

They told me that they are going to move.
あの人たち、引っ越すって言ってた

He mentioned that he saw Naho. ナホを見たって彼は言ってたよ

CHAPTER

6

質問力がつく
疑問詞パターン

日本語と同じように、
相手に質問を投げかけることができると
会話が弾みます!
「何を」「どうして」「どこ」など
色々なことを尋ねる時に使う
「疑問詞」のパターンを集めました。

55 | What do you

基本フレーズ

What do you want to eat?

何食べたい?

What do you を使って話せること

◉ 相手のしたいことを聞く

相手の食べたいものが何かを聞く時 **Do you want to eat sushi? Do you want to eat pizza?** ……などと1個1個すべての食べ物を聞くことはしないですよね。相手の食べたいものを聞きたい! そんな時は What do you を使いましょう。

今回は **Do you want to eat sushi?** の sushi の部分がわからないので、その部分を what に変換して、文頭に What を持ってくることで、文を作ることができます。

◉ 相手の意見を聞く

「〜についてどう思う?」は What do you think about を使います。英語で「どう」と言う時は How を使うと覚えている人もいるかもしれませんが、この場合は「何を思うか」を聞いているため、What です。

答える時は I think that を使うことができます（120ページ）。

What do you want to eat for lunch?

ランチ、何食べたい?

「何を食べる(eat)か」を聞いているので、eatの後の部分をwhatに変えて、whatを前に持ってきましょう! 夜ご飯の場合は、lunchがdinnerに変わります。

What do you usually eat for breakfast?

朝ご飯は何食べてるの?

What do youで習慣について聞くこともできます。

What do you recommend here?

ここでは何がオススメですか?

What do you recommend for a day trip?

日帰り旅行には何がオススメですか?　　　**a day trip**：日帰り旅行

この2つは海外旅行でとてもよく使えるのでぜひ覚えていきましょう!

What do you think about working from home?

在宅勤務ってどう思う?　　　**work from home**：家から働く→在宅勤務する

What do you think aboutの後ろには、このように動詞のing形を持ってくることもできます。

What do you think about taking a guided tour?

ガイドツアーに参加するのはどうかな?　　**a guided tour**：ガイド付きツアー

What do you think aboutは、このように提案のニュアンスを持たせることもできます。

TRACK 56

56 What are you -ing

基本フレーズ

What are you reading now?

何読んでるの?

What are you -ingを使って話せること

○ 相手が今していることについて聞く

このパターンでも、What do youと同じ文の作り方です。**Are you reading a new book now?** のa new bookの部分がわからないので、その部分をwhatに変換して、文頭にWhatを持ってくることで、文を作ることができます。ちなみに「今何していますか?」と、していることを聞きたい場合は**What are you doing?** になります。

○ 相手が今後することを聞く

「今何していますか?」は**What are you doing?** だと解説しましたが、少し先の未来について聞く時も使えます。未来のことを聞いているのか、現在のことを聞いているのかは文脈や会話の流れによります。未来だとthis weekendなどの未来の時間の表現、今だとnowがつくことが多いです。

What are you watching now?

今、何見てるの?

What are you looking for?

何を探してるの?　　　　　　　　　　　　　　**look for**：〜を探す

前置詞は何かの「前に置く」から前置詞のはずなのに、後ろに何もなく終わっているのは変な感じがしますよね。I'm looking for my keys. の my keys の部分を聞きたいので、そこを what に変えて、文頭に持っていくと for が後ろに残りますよね!

What are you looking forward to?

何が楽しみ?　　　　　　　　**look forward to**：〜を楽しみにする

What are you saving money for?

何のために貯金してるの?

I'm saving money for the trip. の the trip の部分を聞いています。What 〜 for? というパターンで、理由を聞くことができます（138ページの Why と同じ意味）。

What are you talking about?

何言ってるの?

相手の言っていることが理解できない時や相手の話が信じられない時、驚きを伝える時などに使うことができます。

What are you wearing to Chris's wedding reception?

クリスの結婚式には何を着ていくの?　　　**wedding reception**：結婚式

少し未来のことを聞く文です。

What are you doing tomorrow?

明日は何する予定?

57 | What + 名詞

```
基本フレーズ
```

What movie did you watch?

何の映画見たの?

```
What + 名詞を使って話せること
```

○ 具体的に相手に聞く

「何の映画を見たの?」のように相手に具体的に聞きたい場合は、名詞(映画であればmovie)を What の後ろにつけましょう。**What did you watch movie?** は文法的には不自然な英語になってしまいます。「何の映画」= What movie を前に持ってくることがポイントです!

- -

○ 日本語に引っぱられないように注意

何の映画が好きなのかを聞き出す場合は **What movie do you like?**(映画は何が好きなの?)と言いましょう。日本語では「映画は何が好きですか」と言うので、What do you のパターンを思い出してついつい **What do you like movie?** と言ってしまいそうになることもあると思いますが、「何の映画」と変換できると良いです!

What movie are you going to watch?

何の映画を見るの?

What TV show are you watching?

何のテレビ番組を見てるの?

What city do you live in?

どの都市に住んでいるんですか?

海外の方に I'm from Australia.(オーストラリア出身です)と言われた時などに、
このように詳しく聞くことができます!

What part of Japan do you live in?

日本のどの辺に住んでるの?   **part**:部分

What color do you like?

何色が好き?

What drink would you like?

どの飲み物が欲しいですか?

would like は「〜が欲しい」という意味で、 wantより丁寧な印象を与えます。
会話では What would you like to drink? もよく使われます。

What kind of food do you like?

どんな食べ物(料理)が好き?   **kind(s) of**:〜の種類

I like Japanese food.(日本食が好きです)のように答えることができます。
Japanese foodの部分は Chinese food(中華料理)やItalian food(イタリア
ン)、 spicy food(辛い食べ物)などに入れ替え可能です。

58 | What did you

基本フレーズ

What did you eat this morning?

今朝、何食べたの?

What did youを使って話せること

○ 相手が過去にしたことを聞く

what do youで普段すること、what are youで今まさにしていること＋未来を聞いたので、最後は過去です。
ただ、過去の場合でもwhatの使い方は同じです。

- -

○ 相手の意見や反応を聞く

What did you think of the movie?（その映画どう思った?）は相手がその映画を実際に見て、どう思ったのかという意見を聞く文です。
答える時は**I think it was really good.**（すごくよかったと思うよ）のようにI think（120ページ）とIt was（26ページ）の組み合わせなどを使うことができます。

What did you eat for dinner?
今日の夜は何食べた?

What did you do?
何したの?

「過去にしたこと」を聞くほか、相手が予期せぬことをしたり、問題を起こしたりした場合に「何したの!?!?」と驚きを伝える時にもよく使われます。

What did you do today?
今日何したの?

What did you decide to do tomorrow?
明日は何することにしたの?

直訳は「明日何をすることに決めましたか?」となります。I decided to go on this tour tomorrow.(明日このツアーに行くことにしたよ)の go on this tour の部分を聞いています。

What did you pack for the trip?
旅行に何を持ってきたの?

日本語でもよくパッキングと言いますが、pack は「荷物をまとめる、荷造りする」という意味です。

What did you think of the hotel?
このホテルはどう思った?

What did you think of the new restaurant?
新しいレストラン、どう思った?

新しく試したレストランをどう思ったか感想を聞きたい時に使うことができます(「自分は正直微妙だな〜と思ったけど、あなたはどう思った?」と聞く場面で使ったことが、私の留学経験の中では多い気がします)。

基本フレーズ

Why do you like this song?

なんでこの曲、好きなの?

Why do youを使って話せること

○ 理由を聞く

理由を聞く時にはwhyを使います。文の作り方はwhatより簡単で、疑問文を作って、文の頭にwhyを置くだけ。とてもシンプルです。

○ 返答はbecauseで始めよう

相手にWhyで聞かれたら、答えはbecauseで始めることが多いです。例えば**Why do you like this song?**(なんでこの曲好きなの?)に対して**Because it always gives me energy.**(いつも元気をくれるからかな)などと答えることができます。

becauseは「なぜなら〜だからだ」という意味で「この後ろに理由となる文が入りますよ!」と宣言する役割を果たします。

Why do you study English?
なんで英語を勉強してるの?

Why do you always wear that hat?
なんでいつもあの帽子をかぶってるの?

wear は「~を着る」以外に、「(帽子)をかぶる」という意味でも使います。

Why do you always get up super early?
なんでいつもそんな早く起きてるの?

super:とても

Why do you prefer cold weather?
どうして寒い方が好きなの?

prefer A to B で「BよりAを好む」という意味です。この文ではto hot weather が省略されています。

Why do you walk instead of drive?
なんで運転しないで歩くの?

「なぜ運転する代わりに(いつも/習慣的に)歩くのですか?」という質問です。instead of は「~の代わりに」という意味で、会話でとてもよく出てきます。

Why do you recommend this movie?
なんでこの映画がオススメなの?

Why do you think this place is worth visiting?
なぜこの場所は訪れる価値があると思われるのですか?

worth ~ing:~する価値がある

海外旅行などで、観光スポットや隠れた名所についての魅力などをツアーガイドさんや現地の方に聞く時に使うことができます。

60 | How was

基本フレーズ

How was the trip?

旅行、どうだった?

How wasを使って話せること

◯ 過去の出来事の感想を聞く

How wasを使うと過去の出来事の感想を聞くことができます。
How wasの後に、感想を聞きたい過去の出来事を入れましょう。

- -

◯ 返答はIt wasを参考に

It wasの解説（26ページ）が、返答の参考になります!
It was the best!（最高だったよ!）、**It was fantastic!**（素晴らしかった
〜）など、自分の気持ちに合うフレーズを選んで返答に使いましょう!

How was the movie?

映画、どうだった？

How was the concert?

コンサートはどうだった？

How was your weekend?

週末はどうだった？

How was your flight?

飛行機、どうだった？

飛行機を使って旅行をした相手に聞きます。日本語ではあまり使われないですが、英会話ではとてもよく使われるフレーズです。

How was the food at the restaurant?

レストランの料理、どうだった?

How was dinner with him?

彼とのディナーはどうだった?

How was Grandma's health?

おばあちゃんの体調はどう？

感想だけでなく、このように「誰かの体調」を聞く時にも使います。

How was your day?

おかえり

「今日1日はどうだった？」という意味で色々な場面で使われますが、日本語の「おかえり」のように帰宅した時にもよく使われる表現です。

61 | How do you

基本フレーズ

How do you
go to work?

どうやって通勤してるの?

How do you を使って話せること

○ 方法や手段を聞く

「どのように」「どうやって」しているのかを聞く時に使うパターンです。この場合の文の作り方は、Do you で始まる疑問文の頭に How をつけるだけです。例えば「どうやって通勤していますか?」と聞きたい時は「通勤していますか?」という意味の **Do you go to work?** の頭に How をつけて **How do you go to work?** と言います。

○ やり方を教わる

例えば **How do you study English?**(どうやって英語を勉強してる?)は「英語の勉強をしているけれど、今の勉強法に悩んでいる」「英語が話せるようになった人の勉強法を知りたい」などの時に使うことで、話せるようになった方法を聞くことができます。

How do you pronounce this?

これはどうやって発音するの？　　　　　pronounce：〜を発音する

How do you spell it?

どういうつづりなの？　　　　　spell：〜をつづる

How do you say it in English?

それは英語でなんて言うの？

ここまでの3フレーズは、英語を学ぶ上で便利なフレーズなので一緒に覚えていきましょう！

How do you get to this station?

この駅にはどうやって行けばいいですか？

行き方を聞く時はgoよりもget to（〜に着く）を使う方が自然です。

How do you use this coffee maker?

このコーヒーメーカーってどうやって使うの？

How do you stay fit?

どうやって健康を維持してるの？　　　　　stay：維持する　fit：健康である

fitの場所にmotivated（モチベーションがある状態）などを入れることもできます。

How do you feel?

体調はどう？

「あなたはどのように感じていますか？」が直訳ですが、主に相手の体調を聞く時によく使うフレーズです。I feel better.（良くなったよ）などと答えることができます。

62 | Where ＋ be動詞

基本フレーズ

Where are you?

どこにいるの?

Where is を使って話せること

○ 場所を聞く

Where は「どこ」と場所を聞く時に使います。
文の作り方は Are you などの疑問文の文頭に Where をつけます。

○ 自分の現在地を確認する

自分がどこにいるのかを確認する時は **Where am I?** を使いましょう。
Where am I on this map?（この地図上のどこに（私は）いますか?）などで
使えます。

Where is my bag?

バッグ、 どこ？

Where is Jun now?

今ジュンはどこにいるの?

Where are they?

彼らはどこにいるの?

theyは「彼ら」という意味で、複数人に対して使います。theyに対応するbe動詞は、youと同じくareです。

Where is the nearest station?

最寄り駅はどこ？　　　　　　　　　　　　**the nearest**：一番近い

最寄り駅を「一番近い駅」と変換すると言いやすいです!

Where is the bathroom?

トイレってどこですか？

bathroomは95ページでも登場しました。bathが入っているのでお風呂を思い浮かべてしまいますがアメリカ英語ではトイレを含む洗面所全体を指すことが多いです。restroomは公共の場所のトイレを指し、フォーマルな表現とされています。toiletは主にイギリスで使います。

Where is the entrance?

入り口はどこ？　　　　　　　　　　　　　**entrance**：入り口

出口はexitです。

Where are we going?

私たち、どこに行くの？

友達にドライブに誘われて、車に乗り込んだのはいいものの、具体的な行き先を聞いていない時などに使うことができます。

63 | Where do you

基本フレーズ

Where do you live?
どこに住んでるの?

Where do you を使って話せること

○ している場所を尋ねる

Where do you の疑問文を作る時は、まず do you の形の疑問文を作った後で、in や at などの前置詞と名詞の両方の部分を where に置き換えます。**I live in Tokyo.** の in Tokyo の部分です。

do you 以外にも、will you や did you、can you などでも作り方は同じです。

○ 相手の趣味を詳しく聞く

例えば、ハイキングが趣味だと言う人に **Where do you usually go hiking?** と言うと「よくどこにハイキングに行くの?」と詳しく聞くことができます。

このように、Where do you は趣味について詳しく聞く時にもよく使います。

Where do you work?

どこで働いてるの?

相手の職場や勤務先を聞く時に使います。 会社名を聞く以外にも、 オフィスの場所を聞く時にも使うことができます。

Where do you usually eat lunch?

いつもランチはどこで食べてるの?

ここまで何度か usually と always が登場しました。 「いつも」 を英語にしようとすると always の方が先に思い浮かぶ人もいるかもしれませんが、 always は「毎回」 という意味です。 日本語では 「いつもどこで食べてるの?」 は 「普段はどこで食べることが多いの?」 という意味で聞くことが多いと思われるため、 always ではなく usually の方が自然です。

Where do you hang out on weekends?

週末はどこで遊んでる?

「遊ぶ」 と言えば play を思い浮かべるかもしれませんが 「友達と街で遊ぶ」 という文脈では play を使うことはあまりなく、 代わりに hang out をよく使います。

Where do you store important documents?

大事な書類、 どこに入れてる?　　　**important**：重要な　　**document**：書類

store は 「店」 という意味が有名ですが、 中心となる意味は 「〜を保管する」です。 「店」 は商品を保管する場所だから store だと覚えると、 覚えやすくなりませんか?

Where do you wanna eat tonight?

今日の夜、 どこで食べたい?　　　**wanna**：want to （〜したい） の短縮形

Where do you go camping?

キャンプはどこに行ってるの?　　　**camp**：キャンプする

前置詞はイメージで覚えよう②

from スタート地点

fromは「スタート地点」というイメージです。fromの後ろに「スタート地点となるもの」が来ます。I'm from Japan.（私は日本出身です）は「Japanがスタート地点で、そこから来ましたよ」というニュアンスです。

to 目的地に向かう

toとforの使い分けは難しいですが、toは「確実に到達する」、forは「到達するかはわからない」というイメージの違いがあります。例えば、I took a bus to Tokyo.は「バスに乗って東京に行った」ですが、I took a bus for Tokyo.は「東京行きのバスに乗った」です。例えば大阪から東京に向かう途中で「静岡で降りた」などもありえます。

by 期限

I have to be there by 9 am.

（そこに9時までにいなくてはいけない）

byは「〜までに」という意味で捉えておくと良いです。

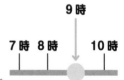

until 継続

I have to be there until 9 am.

（そこに9時までずっといなくてはいけない）

untilは「〜までずっと」という意味で捉えておくと良いです。

ネイティブがよく使う こなれたパターン

教科書には詳しく載っていないけれど
英会話では日常的によく使うパターンが
数多く存在します。
その中でも特によく使う
パターンを集めました。

64 | You mean

You mean this one?

これのこと?

You mean を使って話せること

○ 相手の言っていることの確認

mean は「〜を言おうとする、意図する」という意味です。
上の文は「これのことを意味していますか?」という意味です。疑問文なので Do you mean で始めてもいいですが、You mean で始めることの方が会話では圧倒的に多いです（24ページも参照）。

○ 驚き

例えば **You mean you didn't know?**（え?　知らなかったの???）のように、「確認するけど、嘘だよね?　え、本当なの!?」と確認する形を取ることで、驚きを伝えることができます。

You mean like this?

こんな感じってこと?

相手が何かのやり方を説明した後に、自分が試して「これであってる?」「こんな感じでいいってこと?」と確認する時に使います。

You mean here?

ここってことだよね?

集合場所やイベントの場所を確認する時に使えます。見つかりづらい場所などの時によく使います。

You mean now?

今ってことですか?

急な変更や、「今やってほしい」ということを遠回しに伝えられた時などに確認として使うことができます。

You mean the aquarium is closed today?

今日は水族館が閉まってるってこと?　　　　　aquarium：水族館

今日が月曜日だとして、相手に「月曜閉館らしいよ」と言われた時に「え、じゃあ今日閉まってるってこと?」と再確認するようなイメージです。

You mean they broke up?

あの人たち、別れたってこと?

broke は break の過去形。break up で「(カップルが) 別れる」という意味になります。

You mean he was serious?

え、(彼は) 本気だったってこと?

「会社を辞めて世界一周旅行に出る!」と言っていた同僚が、本当に世界一周旅行に出発したことを聞いた時をイメージするといいかもしれません。

65 | I know what

基本フレーズ

I know what you mean.

言いたいこと、わかるよ

I know whatを使って話せること

◦ 相手への共感

I know what は「何を〜かわかる」という意味です。mean は「〜を言おうとしている」という意味でした（詳しくは150ページ）。**I know what you mean.** は「私はあなたが言おうとしていることがわかる」ということを伝えるフレーズになります。

I know what you mean. 以外にも、I know what を使った文は、相手への共感を示すことが多いです。

- -

◦ 反対する時の前置き

I know what you mean, but I don't think it's a good idea.
（言いたいことはわかるけど、いいとは思わないなあ）のように、I know what を相手に反対する言葉の前のクッションとして使うことができます。

I know exactly what you mean.

言いたいこと、 すごくわかるよ

「あなたの言っていることが正確にわかる」と共感する時に使うことができます。
exactly は「まさに」という意味です。

I know what you did.

あなたが何をしたか知ってるから

Shawn Mendes & Camila Cabello の「I Know What You Did Last
Summer」という曲がありますが「彼女が浮気をしたことを彼氏は知っている
よ」ということを歌う曲です。

I know what you're thinking.

何を考えてるかわかるよ

I know what you're trying to say.

何が言いたいか、 わかるよ

try to は「~することを試す、 しようとする」という意味です。

I know what you meant to say.

何を言おうとしていたか、 わかってますよ　　　**meant**：meanの過去形

文法が間違った英語を話してしまって謝った時に、 ネイティブの返答として耳に
することがあるかもしれません。

I know what you're going through.

どんな気持ちかわかるよ　　　**go through**：~を経験する

相手がつらい時や大変な時に、 共感する場面でよく使います。

66 | That's why

基本フレーズ

That's why I like him.

だから彼のこと、好きなんだよね

That's why を使って話せること

○ 理由の強調

例えば、**Kei is so nice. That's why I like him.**（ケイは本当に素敵なんだよね。だから彼のことが好きなの）のように、That's why を使うことで、「理由」を強調して伝えることができます。

ポイントは、That's why がつく文ではなく、その前の文が理由になること。ややこしく感じる場合は That's why を「それが理由で」という意味だと覚えてしまいましょう。

- -

○ 説明や弁明

何かの行動の理由を言う時は「言い訳をする時」ということも多いと思います。**The traffic was terrible. That's why I'm late.**（渋滞がやばかったの。だから遅れたんだよね）のように、That's why を使うことで、弁明や言い訳をすることもできます。

Her songs are always so uplifting. That's why I like her.

彼女の曲はいつも元気づけてくれるんだよね。 だからこの歌手が好きなの

uplifting：元気づけるような

I heard they have the best ice cream. That's why I came here.

ここのアイスがすっごく美味しいって聞いてね。 だからここに来たの

「この店の~が美味しい」を英語で言おうとすると、パッと出てこないものです。They have the best ~.（彼らは一番美味しい~を持っている）と言い換えると自然に言えます。

I had other plans. That's why I said no.

他の予定があったから断ったんだよね

say no：noと言う、断る

I lost my way. That's why I called you.

迷子になっちゃって。 だから電話したの

lose my way：道に迷う

I was taking a shower. That's why I didn't answer your call.

シャワー浴びてて。 電話に出られなかったの

answer your call で「あなたからの電話の呼び出しにこたえる→電話に出る」という意味です。

There was a big storm. That's why.

台風が来ててさ。 だからだよ

storm：嵐、暴風雨

何かを聞かれた時などに、まず理由を話した後で、That's why. のみを「だから（例：ツアーが延期になったん）だよ」という意味で使う場合が会話ではよくあります。

67 | I gotta

基本フレーズ

I gotta go.

行かないと

I gotta を使って話せること

○ しなければいけないこと

gotta は have to（102ページ）と同じで「〜しなければいけない」という意味ですが、「しなければいけない度合い」はやや弱めです。日々のルーティンとして、やらなくてはいけないことを話す時によく使われます。
I gotta go. は I を省略して **Gotta go.** と言う時もあります。

○ とてもカジュアルな表現

gotta はフォーマルな場面では基本的には使われません。仕事でお客さんと話す場面やフォーマルな場面で自分がしなくてはいけないことを伝える場合は I have to や I need to を使うといいでしょう。

I gotta do the laundry.

洗濯しなくちゃ

do the laundry：洗濯をする

I gotta take out the garbage.

ゴミ、出さなくちゃ

garbage：ゴミ

take out で「〜を取り出す」という意味になります。

I gotta call my boss.

上司に電話しなきゃ

boss：上司

I gotta feed the cat.

猫にエサをあげないと

feed は「〜にエサをあげる、食べさせる」という意味です。

I gotta buy some souvenirs.

お土産、買わなきゃ

I gotta renew my driver's license.

運転免許、更新しなきゃ

license：免許

renew は「〜を更新する」という動詞です。re は「再び」、new は「新しい」なので「再び新しくする→更新する」とイメージすると覚えやすいはず!

I gotta be there by 6.

6時までにはそこにいないと

英語では、時間は基本的に12時間表記です。

基本フレーズ

I would recommend the burger.

ハンバーガーがおすすめ

I would を使って話せること

○ 「自分だったら」と提案する

上の文は、一緒にファストフード店に入った友達から「どれがオススメ?」と聞かれた時に、「もし私だったらハンバーガーを選ぶかな」と、「もし自分だったら」と仮定して提案したり考えを伝えたりする場面で使うことができます。優しくオススメや自分の意見を伝える時に便利です。

- -

○ 自分の希望を丁寧に伝える

I would は、別の単語を組み合わせて、自分の希望を丁寧に伝える時にも使えます。I would like は「〜が欲しいです」という意味の丁寧な表現でした（135ページ）。他にも、I would like to は「〜したいです」という意味で、I want to よりも丁寧な表現です。また I would love to は「もちろん〜したいです」と相手の誘いに乗る時などに、I would prefer は「〜の方が良いです」と自分の好みを伝える時に使うことができます。

I would recommend trying this restaurant.

ここのレストラン、試してみることをオススメするよ

I would call her!

（私だったら）彼女に電話するのに！

I would choose something else.

（私だったら）他のを選ぶかな　　　　**something else**：他のなにか

I would go if I could.

もし行けたら行くのに

他の予定がすでに入ってしまっていて「もし行くことができるなら行くのに」と
伝えたい時などに使うことができます。

I would like to order a coffee, please.

コーヒーをお願いします

直訳は「コーヒーを注文したいです」で、店員さんに注文を丁寧に伝えること
ができます。

I would love to.

もちろん！

相手の誘いに「もちろん！」と返答する時に使えるフレーズで、toの後ろには
本来、相手が誘ってくれたことが入ります。例えばDo you wanna come over
tonight?（今夜、うちに来る?）と聞かれた時にI would love to.と返答した場
合は、I would love to come over tonight.のcome over tonightが省略さ
れています。

69 | It's time to

基本フレーズ

It's time to leave!

もう出る時間だよ!

It's time toを使って話せること

○ 行動を促す

It's time to は「もう〜するべき時間だ」という意味です。
相手に対して、「もうここを出る時間だよ」と行動を促す時に使います。

○ スケジュールのリマインドをする

例えば、**It's time to board the plane.**（飛行機に乗る時間だよ）のように、It's time to は「〜する時間ですよ」と相手にスケジュールをお知らせする時にも使います。

It's time to go.
そろそろ行く時間だ

It's time to get up!
起きる時間だよ!

相手を起こす時に使われます（よく子どものころ、お母さんに言われていました……）。

It's time to go to bed.
もう寝る時間だ

It's time to get dressed!
着替える時間だよ!　　　　　　　　　　　　　　　**dressed**：服を着た

getは「状態変化」でしたね（46ページ）。

It's time to head to the airport.
空港に向かう時間だね　　　　　　　　　　　**head to**：〜に向かう

headは「頭」以外に「向かう」という意味でもよく使われます。

It's time to say goodbye.
そろそろさよならの時間だね

長期留学や海外駐在に行く友達を空港で見送る時などに使えますね。

It's time to move on.
切り替えないと　　　　　　　　　　　**move on**：切り替える、前に進む

相手が悲しんでいる状況で、元気づけ、背中を押す時に使うことができます。

70 | It depends on

基本フレーズ

It depends on the weather.

天気次第だね

It depends on を使って話せること

○「～次第だ」と伝える

天気や他人の気持ちなど、自分ではどうしようもないものに左右されている時に使うことができます。「～次第だ」という意味の表現はほかにも It's up to、It's based on などがあります。

- -

○ 判断を相手に任せる

相手に判断を任せる時にも使います。例えば、「何食べたい？」と聞かれた時に **It depends on you. It's your birthday!**（あなた次第だよ。だって誕生日じゃん）などと答えることができます。

It depends on the day.
日による

友達に遊びに誘われた時などに「日によっては行ける」と言いたい時に使うことができます。

It depends on the person.
人によるね

person は、「～型」「～派」と言う時に使うこともできます。 I'm a morning person.（朝型です）、 I'm a dog person.（犬派です）など。

It depends on the cost.
いくらかかるか次第だね   **cost**：費用

It depends on the exchange rate.
為替レートによるね   **exchange rate**：為替レート

exchange が「交換、為替」、 rate が「相場」という意味です。
「円安、ドル高の場合は予算が変わるな……」といった時に使うことができます。

It depends on the traffic in the morning.
朝の道の混み具合によるね   **traffic**：交通状況

It depends on the hotel's availability.
ホテルの空き状況によるね   **availability**：空き

's は「～の」でしたね（33ページ）。

It depends on what you like.
好みによるね

「このレストラン、よかった?」と聞かれた時に、「あなたが何が好きか次第かな」という場合などに使うことができます。

71 | I'm about to

I'm about to leave.
出るところだよ

○ 今しようと思っていることを伝える

I'm going to や I will に比べて、本当にすぐ先の未来のことについて「今まさに〜する」と言う時に使えます。

○ 大げさな反応をする

例えば「ゴキブリを食べたことがあるんだよね」という相手に **What?! I'm about to throw up.**（え!?　吐きそうなんだけど）のように、大げさに答えることができます。実際に今まさに吐きそうなわけではないけれど、それくらい気持ち悪いと感じているということが相手に伝わります。

I'm about to have lunch.
お昼ご飯を食べるところ

I'm about to leave for work.
仕事に行くところ

leave for：〜に向かう

I'm about to book the hotel.
ホテル、予約するところ

I'm about to check out.
チェックアウトするところ

「今何してるの?」は英語でWhat are you doing now?でしたね（132ページ）。こう聞かれて「今チェックアウトするところだよ」と答える時などに使えます。

I'm about to go snorkeling.
シュノーケリングに行くところ

ダイビングdiving、セーリングsailing、カヤックkayakingなどのマリンスポーツを後ろに持ってくることもできます。

I'm about to get ready.
準備を始めるとこ

getは「状態変化」でした（46ページ）。ready（準備できている）という状態にちょうどいま変化するところという意味です。「準備が終わるところ」はI'm about to be ready.になります。

I'm about to lose you.
電波が切れそう

電話中に、トンネルの中などの電波が途切れそうな場所に入る場合にも使うことができます。

72 | I was about to

基本フレーズ

I was about to call you.

電話しようとしてたんだよ

I was about to を使って話せること

○ 「しようとはしていた」ことを 伝える

上の文では、電話をかけようと思っていたけれど「宅配の人が来た」「別の用事を思い出した」などの理由で電話をかける直前に中断された場面などが想像できます。

○ 言い訳をする

例えば、「なんで電話くれなかったの?」という相手に **I was about to call you.**（電話しようとしてたんだよ）など、言い訳をしたり、ごまかしたりする時に使うことができます。

I was about to have breakfast.
朝ご飯を食べるとこだったよ

I was about to fall asleep.
寝落ちしかけてた

fall asleep：眠りに落ちる

I was about to take a bath.
お風呂に入ろうと思ってた

「お風呂に入る」は take a bath が会話ではよく使われますが、「シャワーを浴びる」は take a shower です。

I was about to say!
言おうと思ってた!

自分が言いたかったことを相手がまさに言ってくれた場合などに使えるフレーズです。実際にはまだ言っていないということもポイント。日常的によく使います。

I was about to ask.
聞こうと思ってた

「聞く」を英語にしようとすると listen などが出てきてしまいがちですが、この場合は「尋ねる」と言い換えるのがポイント!

I was about to throw up.
吐くかと思ったわ

throw up：吐く

乗り物酔いをした時や、急に体調が悪くなった時はもちろん、気持ち悪いものを見た時に大げさに使うこともできます。

I was about to die.
死ぬかと思った!

すごく怖い経験や危険な経験をした時、大変だった時、すごく緊張していた時に大げさな言い方で使われることが多いです。

73 | Let me

基本フレーズ

Let me know.
教えて

Let me を使って話せること

○ 断りを入れる

例えば **Let me explain briefly.**（簡単に説明させてください）のように、
「〜させてください」と相手に許可を求めたり、断りを入れたりする時に使
う表現です。

- -

○ 教えて、知らせて
（let me know で）

let me know で「教えて、知らせて」という意味です。**Let me know
when you arrive at the station.**（駅に着いたら教えて）などのように使
います。
「教える」という日本語をそのまま英語にしようとすると teach が出てきてし
まいがちですが、teach は「英語を教える」など知識や技術などを相手に
伝える時に使われます。

Let me think.
考えさせて
think は「思う」以外にも、「考える」という意味があります。

Let me see.
見せて
相手に何かを見せてほしい時に使います。また何かを聞かれて少し返答に時間がかかる時に、日本語の「そうですね……」の代わりにも使えます。

Let me guess!
当てさせて!
相手が「どうなったと思う?」と聞いてきた時などに「ちょっと答えを言うのを待って、当てさせて!」という意味で使います。

Let me help you.
手伝わせてよ
相手が何かに困っている時など、自分が手伝うことを提案したい時に使います。

Let me go!
放して!
何かに捕まえられて「放してほしい!」と言いたい時に使います。

Let me in!
入れて!
let meの後ろに動詞ではなくinが来ました。家の鍵を忘れた時に「家に入れて」と言いたい場合のほかに、「会話の中に入れて」など建物ではないものに入れてほしい場合にも使います。

Let me show you how.
やり方を見せるね

how：方法、どのようにするのか

74 | Are you sure

Are you sure?

本当?

Are you sure を使って話せること

○ 最終確認をする

sure は「確信している」という意味です。Are you sure は「あなたは自分が言ったことが本当にそうだと確信していますか?」という意味で、「本当にそれでいいの?」という最終確認を取る時に使うことができます。

○ 疑っていることを伝える

「スマホがない! ヤバい!」と思ったけれど、実はカバンの中にあったということを繰り返す人っていますよね（私ですが）。「忘れ物をした」と言っている相手に対して **Are you sure you left it?**（本当に置いてきたの?）と疑っている時に使えます。

Are you sure it's okay?

本当に大丈夫?

I can lend you my car for the day.（その日車貸せるよ）など、こちらのお願いに相手が〇Kしてくれた時、確認する場合に使いましょう。

- -

Are you sure you want to try this?

本当にこれ、試したい?

高所恐怖症の相手が「ジェットコースターに乗ろうかな」と言っている時などに使えますね。

- -

Are you sure you don't want to eat this?

本当にこれ、食べなくていいの?

料理の量が多すぎて相手が食べきれず「これよかったら食べていいよ」と提案された時などに使うことができますね。

- -

Are you sure he said that?

え、彼、本当にそう言ってたの?

- -

Are you sure you understand the risks?

リスク、本当にわかってる?　　　　　　　**risk**：危険性、リスク

- -

Are you sure you can handle it?

本当になんとかできる?　　　　　　　　**handle**：〜に対処する

- -

Are you sure we booked this hotel?

予約したの本当にこのホテル?

75 | I feel like

基本フレーズ

I feel like eating ice cream.

アイスが食べたいな

I feel like を使って話せること

○ 自分のしたいこと

feel like は「〜のような気分がする」という意味です。「アイスを食べたい気分です」という上の文のように、「自分がしたいこと」を相手に伝えることができます。

- -

○ I want to との違いは「思いの強さ」

I want to eat ice cream. は「アイスが食べたいの!!」といったニュアンスで、相手に気持ちが強く伝わります。一方で **I feel like eating ice cream.**（アイス食べたい気分だなあ）は柔らかい表現です。心の中では「すごく食べたい!」と思っていても柔らかく相手に伝えるためにこの表現を使うこともできますが、基本的に I want to よりも弱めに柔らかく「したいこと」を伝えることができます。

I feel like eating something sweet.

何か甘いものが食べたいな

something：何か

I feel like trying some local food.

地元の料理が食べたいな

local は「地元の、その土地の」という意味でしたね（49ページ）。

I feel like playing video games.

ゲームしたい気分だな

日本では「テレビゲーム」と言いますが、英語では video game になります！

I feel like exploring the city.

街を散策したいな

explore：〜を探索する

I feel like relaxing at the hotel tonight.

今日の夜はホテルでゆっくりしたいな

relax：ゆっくりする

I feel like cycling around the lake.

湖の周りをサイクリングしたいな

cycle：サイクリングする　**around**：〜の周りを

I feel like staying in bed all day.

一日中ベッドにいたい気分よ！

stay in bed：ベッドにいる

基本フレーズ

It makes me happy.

嬉しいな!

It makes me を使って話せること

出来事の印象や感想

it は直前の内容を指します。例えば相手が「試験に合格したんだ!」と報告した後であれば、it は「相手が試験に合格したこと」を指します。

出来事に対する行動

It makes me の後ろに動詞を持ってくることもでき「それが私に〜させる」「それによって私は〜する」という意味になります。例えば、教訓になる話などを聞いて **It makes me think.**(考えさせられるね)などと言うことができます。

It makes me sad.
悲しいな

sad は「悲しい」という意味です。よく使う言葉ですが、この本では初めて！
（ハッピーな気分で英語に触れてほしいから……！）

It makes me mad.
ムカつくね

mad はアメリカ英語でよく使われ、angry よりもややカジュアルな印象があります。時に理性を超えた、理不尽な怒りを伝えることもできます。

It makes me nervous.
聞いただけで緊張するわ!

日本語でも「ナーバス」と言いますが、nervous は「緊張した」という意味です。

It makes me anxious.
不安になっちゃうよ……　　　　　　　　　　　**anxious**：不安な

It makes me feel good.
満足満足　　　　　　　　　　　**feel good**：気分がいい

It made me nostalgic.
懐かしくなっちゃった　　　　　　　　　　　**nostalgic**：懐かしい

It made me laugh so hard.
大笑いしちゃった

ここでの so hard は「非常に、とても」と laugh を詳しく説明しています。

77 | I ended up

基本フレーズ

I ended up
going to bed late.

結局寝たのが遅かったんだよね

I ended up を使って話せること

◉ 最終的にしたこと

end up の後ろには、動詞の ing 形や名詞など様々な言葉が来ますが、どれも共通して「最終的に、結局」という意味になります。上の文は動詞の ing 形が来ていますね。

- -

◉ 意外な結果・オチ

日本語で言う「オチ」を言いたい時にも end up は使えます。
「それまでは〜だったのに、最後の最後で結局〜になってしまった」というニュアンスで使います。

I ended up loving this movie.

この映画、結局すごく好きだわ

最初の数分は「うーん……?」と思っていたけど、最終的にその映画をすごく気に入ったという場面で使えます。

I ended up ordering the same one.

結局同じ料理を注文しちゃった　　　　　　　**the same one**：同じもの

いつも行っているレストランで、「今日は違うもの頼もうかなあ」なんて言っていたけど結局同じものを頼んだ、という場面が想像できます。

I ended up staying up all night.

結局徹夜したんだよね

stay upで「(夜遅くまで)起きている」、all nightで「一晩中」という意味で、合わせて「徹夜する」という意味になります。

I ended up grabbing pizza for dinner.

結局夜はピザにしたんだ

grab は「〜を掴む」という意味が有名ですが、「〜を買う、注文する」という意味で使うこともできます。他にも「〜をさっと飲む、食べる」という意味もあり、Let's grab beer!（ビール飲もうよ!）などと使うこともできます。

I ended up binge-watching that new series.

結局、新しいシーズンを一気見したわ　　**binge-watch**：〜を一気見する

I end up here every time.

結局いつもここに戻ってくるのよね

I ended up with a cold.

結局風邪をひいちゃって　　　　　　　　**with a cold**：風邪をひいている

78 | Thank you for

――― 基本フレーズ ―――

Thank you for your help.

助けてくれてありがとう!

―――― Thank you for を使って話せること ――――

○ 感謝の内容

Thank you! のみでもよく使いますが、Thank you for の形を覚えておくと、「何に感謝を伝えているのか」をより具体的に詳しく相手に伝えることができます。

- -

○ ing形も使えます

Thank you for driving.（運転してくれてありがとう!）のように、動詞のing形を持ってきて「〜してくれてありがとう」という意味で使います。

Thank you for the lesson!

レッスンしてくれてありがとう!

Thank you for your time!

時間をありがとう!

相手があなたと会うために時間を作ってくれたり、 相談に乗るために時間を作ってくれたりした時に「貴重な時間をありがとう」という意味で使うことができます。

Thank you for the gift!

プレゼントを贈ってくれてありがとう!

gift には、 祝い事や結婚式、 クリスマスなどで贈られる、 あらゆる種類の贈り物が含まれます。 present はより「個人的な」贈り物というニュアンスが含まれます。

Thank you for your advice!

アドバイスをくれてありがとう!

Thank you for coming!

来てくれてありがとう!

遠いところから相手がわざわざ来てくれた時などによく使われます。
相手が向かってきているので「going」ではないのがポイントです（come と go の使い分けの解説は33ページや42ページ）。

Thank you for carrying my luggage.

荷物を運んでくれてありがとうございます!　　　　**carry**：〜を運ぶ

Thank you for reading this to the end!

最後まで読んでいただきありがとうございます!　　**to the end**：最後まで

メールや本などの末尾に「最後まで読んでくれてありがとう」という意味で使います。 この本を最後まで読んでくれてありがとうございました!

右ページをしおり等で隠して、日本語訳だけで英語が言えるようになるまで練習しましょう。
（音声も日本語→ポーズ→英語の順に収録しています）

I'm	私、しの!
I'm not	のどは渇いてないよ
You are	君、最高だよ!
Are you	ミナミさんですか?
It is	美味しい!
I was	お腹空いてイライラしてたの!
You were	そこにいたの?
It was	楽しかった!
I don't	この曲、好きじゃないな
Do you	この曲、好きなの?
I'm -ing	今、仕事中だよ
I have	犬、飼ってるよ
I make	朝ご飯なら毎日作るよ

I go	ジムに通ってるよ
I came	京都に来たよ
I took	旅行をしたんだ
I got	疲れた……
I buy	毎週末、食料品を買うよ
I want	猫が欲しい!
I like	このグループ、好きだよ
I see	ニュース見たよ
I miss	電車を逃した……
I recommend	この映画がオススメ!
You look	眠そうだね
It looks	美味しそう!
It sounds	簡単そうに聞こえるけどね

It tastes	美味しいよ
I'm going to	家にいるつもり
I'm not going to	家にはいない予定だよ
I will	遅れます……
I won't	遅刻しません!
It will	それ、 きっと楽しいよ!
Did you	オーストラリアに住んでたの?
Have you	日本に行ったこと、 ありますか?
I can	料理ならできるよ
I can't	料理ができないんだ
You can	私の携帯、 使ってもいいよ
Can I	携帯、 借りてもいい?
May I	ペンをお借りしてもいいですか?

I should	早く寝た方がいいね
Should I	電気、消した方がいい?
You shouldn't	それは食べない方がいいよ
I have to	この仕事やらないと
I don't have to	今日は仕事する必要ないんだ
Do I have to	今、部屋を掃除しなきゃいけない?
You don't have to	夜ご飯、作らなくても大丈夫だよ
I might	遊びに行くかも
I used to	大阪に前住んでたんだ
It must be	それ、絶対楽しいよ!
It could be	それ、彼の携帯かもね
I think	あの人は、いい人だと思う
I told	言ったじゃん!

I know	この人、知ってる!
I found	いいカフェ見つけたよ
What do you	何食べたい?
What are you -ing	何読んでるの?
What＋名詞	何の映画見た?
What did you	今朝、何食べたの?
Why do you	なんでこの曲、好きなの?
How was	旅行、どうだった?
How do you	どうやって通勤してるの?
Where＋be動詞	どこにいるの?
Where do you	どこに住んでるの?
You mean	これのこと?
I know what	言いたいこと、わかるよ

That's why	だから彼のこと、好きなんだよね
I gotta	行かないと
I would	ハンバーガーがおすすめ
It's time to	もう出る時間だよ!
It depends on	天気次第だね
I'm about to	出るところだよ
I was about to	電話しようとしてたんだよ
Let me	教えて
Are you sure	本当?
I feel like	アイスが食べたいな
It makes me	嬉しいな!
I ended up	結局寝たのが遅かったんだよね
Thank you for	助けてくれてありがとう!

しの

1998年生まれ。早稲田大学卒業。2022年より、朝の5分で英会話フレーズが簡単に学べる図解画像をX（旧Twitter）上に投稿。2022年8月の「会話でよく使うフレーズまとめ」では9200超のいいねを獲得するなど、シンプルな単語で英会話を学びたい英語初心者を中心に人気を集める。2024年6月現在、Xのフォロワー数は6万人。

X：@englishiiino

世界一カンタンな英会話パターン78
せ かいいち　　　　　　　　　えいかい わ

2024年7月19日　初版発行

著／しの

発行者／山下　直久

発行／株式会社KADOKAWA
〒102-8177　東京都千代田区富士見2-13-3
電話　0570-002-301（ナビダイヤル）

印刷所／株式会社リーブルテック

製本所／株式会社リーブルテック